사람 사는 세상의 따뜻한 이야기

아빠, 삐졌지?

사람 사는 세상의 따뜻한 이야기

아빠, 삐졌지?

1쇄 발행   2014년 11월 20일

지 은 이   한용구
펴 낸 이   윤태웅
펴 낸 곳   우리가만드는책
편   집   황교진

등록번호   제2014-14호(2014년 2월 10일)
주   소   서울시 관악구 서림5길 23
팩   스   02-581-2075

이 책의 저작권은 저자에게 있습니다. 저자와 출판사의 허락 없이
내용의 일부를 인용하거나 발췌하는 것을 금합니다.

책값은 뒤표지에 있습니다. 잘못된 책은 구입하신 곳에서 교환해드립니다.
ISBN 979-11-952759-4-6 (03230)

We create Books   세상을 따뜻하게 하는 책을 만들어 당신의 마음을 가치 있는 곳으로 안내합니다.

사람 사는 세상의 따뜻한 이야기

아빠, 삐졌지?

한용구 목사의 행복 칼럼

우리가만드는책

CONTENTS

2부 _ 우리 이웃, 그 따뜻한 이야기

• 에필로그

"뭐라고? 개척을 한다고? 네가?"

교회를 개척해야겠다고 처음 말을 꺼냈을 때, 어느 친구의 반응이었습니다.

"너처럼 순진하고 세상 물정 모르는 소심한 사람이?"

그건 사실이었습니다. 특히 전도에 자신이 없었습니다.

사람 만나는 것을 힘들어하는 저의 기질 때문입니다.

그러다가 문서 전도를 생각했습니다.

가지고 있던 알량한 글재주로 주보에 글을 쓰기 시작했습니다.

그것이 〈향기 나는 편지〉입니다.

매주 2천부씩, 1년이면 10만 부를, 17년 동안 만들어 돌렸습니다.

'그저 있는 그대로, 순수함을 그대로 담자.'

아, 힘겹고 힘겨웠습니다. 제 인생의 바닥까지 닥닥 긁었습니다.

그런데 신기하게도 보잘것없는 쪽지를 보시고 한 분 두 분 모이기 시작했습니다.

이번에 어찌하다 그 글들을 모았습니다.

실은 책 낼 생각이 없었는데,

은평교회 성도님들이 회갑기념으로 내야 한다고 하여 떠밀렸습니다.

2년을 미루었습니다.

그런데 부끄럽습니다.

부족하지만 같은 길을 걷거나, 혹시 힘든 상황 가운데 있거나,

세상을 왜 살아가야하는지 갈등하시는 분들께

향기가 되고 편지가 될 수 있다면 더없이 감사하겠습니다.

선하고 순수한 은평교회 성도님들께 진 빚을 평생 갚지 못할 것입니다.

뭐라고 다 표현할 수가 없습니다.

그리고 새벽마다 흘린 눈물이 강물 같을 아내와

아빠가 외로울 것 같아서 예배 시간마다 꼬박꼬박 참석해 주었던(?)

두 딸, 은지와 지혜가 든든함이 되어 주었음을 감추지 못합니다.

늘 생각합니다.

'행복한 사람의 입 속에는 미안함과 감사함, 두 개의 단어가 살고 있다.'

지금도 여전히 그렇습니다.

감사합니다. 무슨 말이 더 필요하겠습니까?

나무 1

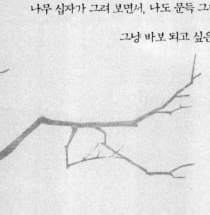

그대는 바보다

한 번 터를 잡으면 움직일 줄 모르는 그대는 바보다

모두가 더 좋은 곳으로, 더 소득이 있는 곳으로

기를 쓰고 의리도 팽개쳐버리고 훌훌 떠날 때에도

그대 무슨 생각으로 처음 그 자리에 미동도 하지 않는가

여름을 지날 때도 몰랐다

태양이 이빨 빠지던 날, 그대는 또 바보가 되는가?

어찌 여름 내내 키운 살점들을 미련도 없이 그리 털어버리는지,

바보! 그렇게 불리워도 씩 한번 웃어 보이고 또 바보가 되는 그대!

그래서 그대가 눈물겹도록 그립고 그립다

가을나무야! 이 바보야!

나무 십자가 그려 보면서, 나도 문득 그대 앞에서 진짜 바보 되고 싶다

그냥 바보 되고 싶은 날이 있다

일상,
그 따뜻한 이야기 **1**

그리움을 뒤지면 그리움이 만져진다

'어디로 갔을까?'

중요한 서류 한 장이 보이지 않습니다. 결국 쓰레기통을 뒤지기 시작했습니다. 있을 곳이 이제 거기밖에 없습니다. 집안 구석구석을 다 뒤져 봐도 나타나지 않았습니다. 뒤적거리다가 아예 뒤집어엎었습니다. 이것저것 먼지들이 날리고, 드디어 간절히 찾던 서류 한 장이 보입니다. 먼지 쌓인 종이 한 장이 쭈그리고 앉아 있습니다.

'여기 있었구나.'

쌓인 먼지를 털면서 이렇게 소중한 것을 왜 여기 처박아 놨는지, 어처구니가 없지만 반갑기 이를 데 없습니다. 잊었던 걸 되찾았으니까요.

명절이 되면 또 비슷한 현상이 벌어집니다. 또 뒤집습니다.

'어디로 갔을까?'

그리움을 뒤집니다. 보이지 않는 그리움이 그리워서 그리움을 뒤집니다. 쳐다보지도 않던 유년의 추억을 뒤집습니다. 처음엔 뒤적거리다가 쓰레기통을 뒤집어엎듯이 추억 전체를 엎어 버립니다. 그러면 틀림없이 먼지를 뒤집어 쓴 그리움 몇 개가 고개를 내밉니다. 쌓인 먼지를 툴툴 털고 나면 그래도 거기 희미하지만 하나 둘, 서러운 그리움이 나를 쳐다봅니다. 이상하게도 그리움을 뒤지면 가장 먼저 올라오는 게 추풍령 그 언저리입니다.

배고프고 고생했던 추억들이 더 먼저 그리워지는 건 참 희한한 일입니다. 쇠약해진 아버님이 아무도 모르는 곳에서 죽고 싶다고 해서 가족 모두를 이끌고 들어간 곳이 추풍령 소백산맥 언저리였습니다. 몸서리치게 춥고 떨리고 외로웠던 일들이 그리워집니다.

도시에서 온 놈이라고 아이들에게 따돌림을 당하고, 아침에 가방을 메고 20리약 8킬로미터나 되는 길을 달려야 했습니다. 학교에 갈 땐 내리막길이니 뛰지 않아도 뛰어야 했습니다. 언젠가 길바닥에 분필로 큼지막하게 쓰인 낙서를 봤습니다.

'용구는 선숙이를 좋아한대요.'

옆집에 선숙이가 살았습니다. 어머니끼리 친했습니다. 그런데 길바닥 낙서를 보고 그때부터 선숙이가 그리워졌습니다. 초등학교 2학년 때 일입니다. 요즘도 어쩌다 그리움이 서럽게 밀려들면 차를 몰고 능치초등학교를 찾아갑니다. 지금은 학교가 성냥갑 만하게 느껴집니다. 거기엔 아직도 제 그리움이 살고 있습니다. 좁은 운동장에 서 있으면 재잘거리는 소리가 모래알처럼 들립니다.

희한하게 종현이란 녀석의 이름을 떠오릅니다. 시험을 보면 항상 종현이가 2등이었습니다. 물론 1등은 제 차지였습니다. 대전에서 자란 제가 그 시골 깡촌 아이들보다 조금 앞선 것은 어쩔 수 없었습니다.

언젠가 종현이가 전화를 했습니다. 한남대학교에서 만났는데, 그 녀석은 저보다 훨씬 큰 차를 몰고 왔습니다. 저는 그때 찌그러진 봉고차를 끌고 갔습니다. 이놈이 제 차를 보더니 알 듯 모를 듯 미소를 흘리며 영국 유학 갔다 왔다는 얘기를 여러 번 강조했습니다.

그리고 또 그리움을 뒤지면 여지없이 어머니가 확 떠오릅니다. 아, 어머니가 아닙니다. 아직도 저에게는 엄마입니다. 어느 날 아버지에게 심한 꾸중을 들었습니다. 저녁도 먹지 않고 이불을 뒤집어썼습니다. 아버지에게 반항할 수 있는 최고의 방법이 밥을 굶는 일입니다. 하나밖에 없는 외아들이 밥을 먹지 않으니 아버지 속이 얼마나 상하셨을까요? 저는 그걸 노린 겁니다.

새벽녘에 배가 고파서 잠이 깨었습니다. 배가 고파도 너무 고파서 이리저리 뒤척거렸습니다. 그래도 알량한 자존심이 가로막았습니다. 그때 부엌에서 떨그럭거리는 소리가 나고 잠시 후 어머님 손이 제 이불 속으로 쑥 들어왔습니다. 어머님 손에는 깨소금에 뭉쳐진 작은 주먹밥이 들려 있었습니다. 그 손이 제 입을 더듬었습니다. 저는 마지못해 입을 벌렸고 그 주먹밥은 입속을 황홀하게 만들었습니다. 눈물과 주먹밥이 범벅이 되어 넘어갔습니다. 아! 어머님은 어떻게 아셨을까요? 제가 배가 고파서 뒤척이는 걸 훤히 알고 계셨습니다. 그리고 그 콩알만 한 자존심도 알아 주셔서 이불 속으로 은근히 디민 겁니다.

추풍령에 눈이 오면 정말 산같이 쏟아졌습니다. 오죽하면 기차도 울고 넘어간다고 했을까요? 언젠가 뭔가 잘못 먹어서 배탈이 나 밤새 화장실을 들락거리다가 탈진한 적이 있습니다. 병원 비슷한 곳이 10리나 떨어져 있었습니다. 어머님은 저를 업고 달리셨습니다. 나중에 어머니 다리에 신경통이 생겼는데 다 제 탓입니다.

그만 뒤져야겠습니다. 너무 뒤지다 보면 상처까지 덧날까 무섭습니다. 추억은 슬쩍 한번 뒤져 보고 먼지 속에 덮어버리는 게 예의인지도 모를 일입니다.

지금 또 다른 추억을 만들고, 언젠가 그 그리움을 뒤적거리는 즐거움을 맛볼 수 있다면? 그거 괜찮겠는데요!

모기들의 파티 현장

여름이면 생각납니다. 계룡산 바로 아래 신도안!

잊을 수 없는 추억이 서린 곳입니다. 지금은 육군 본부가 들어와서 대강 여기일 거라고 짐작만 하는 곳입니다. 그곳 신도초등학교에서 20대 후반, 한창 펄펄 날던 청춘의 5년을 쏟았습니다. 학교 운동장의 플라타너스 나무가 일품이었습니다. 아름다웠지요. 총각 시절이니 오후만 되면 아이들과 공 차고 뒹구는 것이 일상이었습니다. 요즘도 그때 제자들이 가끔 전화를 줍니다. 얼마나 반가운지 그리움이 확 치솟습니다. 인생은 그리움으로 사는 건지도 모릅니다.

1980년 초 교통편은 하루에 버스 몇 번 드나드는 것이 고작이었습니다. 선생님들은 대부분 대전에서 출퇴근을 했습니다. 만약 버스를 놓치면 야단나지요. 언젠가 퇴근 시간에 버스를 놓쳤는데 어쩔 수 없이 황소를 싣는 트럭 짐칸에 올라탔습니다. 소 배설물이 바닥에 질펀했지요. 냄새는 말할 것도 없고요. 지나가는 사람들마다 힐끔거렸지요. 소차에 사람 소리가 나니 지나가던 사람들이 배시시 웃었지요.

저는 그곳에서 살아야 했습니다. 아버님이 산 좋고 물 좋은 곳인데 다른 곳에 갈 거 있느냐고 해서 허름한 집에 세 들어 살았습니다. 당시 선생님들의 즐거움 중에 하나는 오후에 배구시합을 하는 것이었습니다. 반으로 나누어 치약 내기, 비누 내기를 했습니다. 이거 한번 지면 정말 약이 바짝 올랐습니다. 이긴 사람들은 비누 꺼내 문지르면서 약 올리니까요. 진 사람들은 환장하지요. 이튿날 되면 다시 도전할 수밖에요. 도전을 받지 않으면 무효니까요.

어느 때는 어두워져 공이 보이지 않을 때까지 배구를 했습니다. 그저 서브만 질러 댔습니다. 저도 배구 좀 했지요. 한창일 때 니 피곤한 줄도 몰랐습니다. 배구가 끝나면 버스 주차장 근처에 있는 술집에 들어가는 게 보통이었습니다. 저는 술을 못 하니 안 주만 주워 먹었지요. 처음엔 술 좀 하라고 성화를 댔지만 나중엔 당연히 사이다를 시켰습니다.

요즘같이 한창 더웠을 때일 것입니다. 플라타너스 꼭대기마다 매미가 울어댔습니다. 저는 학교 부근에 살았기 때문에 다른 선 생님들보다 일찍 출근하는 편이었습니다. 총각 시절이었으니 밥 만 먹으면 출근을 했지요. 학교는 아직 조용했습니다. 아이들 몇 명이 운동장을 어슬렁거릴 뿐이었습니다.

먼저 숙직실로 갔지요. 언제나 그랬으니까요. 그때는 선생님 들이 돌아가면서 숙직을 했습니다. 허름한 숙직실에서 하룻밤을 지내는 것은 고역이었습니다. 그날 아침, 어느 선생님이 숙직을 하셨는지 궁금해서 문을 두드렸는데 아무 반응이 없는 겁니다. 그런데 문을 여는 순간, 이게 웬일입니까? 이게!

그 광경은 지금도 생생합니다. 이 아무개 선생님인데 연세가 좀 드신 분입니다. 아마도 지난밤에 술이 과하셨던 모양입니다. 팬티 하나만 걸치고 큰 대 자로 곯아떨어져 있었습니다. 제가 들 어가도 꿈쩍하지 않으셨습니다.

그러나 문제는 그게 아니었습니다. 그분 배와 가슴과 팔다리에 모기가 새까맣게 붙어 있었습니다. 사람 몸에 모기가 그렇게 많이 붙어 있는 건 처음 봤습니다. 아마도 근처 논밭에 있는 모기들이 죄다 몰려들어 뜯어 먹는 것 같았습니다. 제가 기겁을 해서 쫓았지요. 그런데 이상하게도 이놈들이 도망갈 생각을 안 하는 것입니다. 아니, 도망을 못 가고 있었습니다. 그냥 몸에 대롱대롱 붙어 있는 것입니다. 할 수 없이 한 마리씩 잡아서 방바닥에 패대기를 쳤는데, 선생님 몸의 피를 얼마나 많이 빨아 먹었던지 피가 흥건하게 튀는 겁니다. 그리고 도망가지 못하는 이유를 알았습니다.

이놈들이 해롱거려요. 도망가려 해도 날개가 말을 안 들어요. 술 취한 분 몸에서 한참 피를 빨아 먹었으니 놈들도 함께 취해버린 겁니다. 으와! 도대체 모기를 몇 마리나 잡았을까요? 학교가 논 한 가운데 있었기 때문에 밤새 모기가 들락거린 겁니다. 모기란 놈들이 얼마나 신이 났겠어요. 밤새 파티한 거죠.

선생님은 밖에서 술 파티 하고 모기들은 숙직실에서 술 파티 하고. 아이들이 볼까 봐 정신없이 모기를 패대기쳤습니다.

어리석지요. 아무리 파티를 하더라도 날아갈 생각을 했어야지요. 절제했어야지요. 놈들이 그런 걸 알 리 없습니다. 하이고, 지금 생각해도 소름이 돋습니다. 그 선생님도 한동안 고생하셨지요. 그래도 술 없이 아무 낙이 없다고 하시던 분인데요. 지금도 그분은 그렇게 사실까요?

무슨 일이든지 과하면 큰일이지요. 절제해야지요. 먹는 것, 노는 것, 좋은 것, 싫은 것도 절제가 있어야 유쾌하지요. 생각하는 것도 말하는 것도 절제가 너무나 필요한 시대를 살아갑니다.

종종 내가 나에게 "멈춰!"라고 명령하면 어떨까요?

가을에는 귀뚜라미처럼

주택에서 살 때 일입니다. 어느새 가을이 왔습니다.

"문 닫고 자야겠어. 이불도 두꺼운 거 꺼내고."

문이라는 문은 죄다 활짝 열어 놓고 그냥 방바닥에 아무렇게나 누워 잠을 청하던 한여름이 엊그제였는데 선선한 바람이 제법 불어옵니다. 이제 이불을 꺼내야 했습니다. 계절의 신기함을 만질 수 있습니다.

제가 살던 주택은 3층입니다. 그러니까 바로 위는 하늘입니다. 아침에 옥상에 올라가서 보는 하늘은 참 유쾌합니다. 하늘을 잊어버리지 않으려고 종종 하늘을 올려다보았습니다. 그러나 태양이 이글거리기 시작하면 집 안은 온통 닭장처럼 됩니다. 그해 여름 더위에는 모두가 닭장의 닭들처럼 헉헉거리며 지냈습니다.

"야, 덥긴 덥다."

그래도 에어컨은 생각하지 않았습니다. 원래 에어컨 바람을 싫어하기도 하지만 그거 돌아가는 소리를 들으면 가슴이 덜렁거려서 없는 게 낫습니다. 드디어 그렇게 이글거리던 태양이 이빨 빠지면서 바람이 맛있어졌습니다.

아! 새벽바람은 정말 기가 막혔습니다. 새벽에 문을 열면 사무치게 반가운 가을바람이 밀려듭니다. 일부러 입맛을 다셔 봅니다. 코를 벌름거려 봅니다. 가을이 옷깃을 부빕니다. 가을바람이 맛있습니다. 이거 공짜라고 시시하게 생각하면 곤란합니다.

언제부턴가 풀벌레 소리가 들리기 시작했습니다. 콘크리트로 둘러싸인 도시 한복판도 풀벌레 소리를 막지는 못합니다. 생명의 신비입니다. 신비란 설명이 불가능한 사실을 가리키는 단어입니다. 작은 것은 집중해야 눈에 들어오듯이 작은 소리도 귀를 기울여야 들을 수 있습니다.

아! 저건 분명히 귀뚜라미 소리입니다. 가을을 속삭이는 놈들에 무지한 저도 귀뚜라미 소리는 금세 알아차릴 수 있습니다. 그러나 귀뚜라미 소리도 멀리서 은은하게 들릴 때 괜찮은 법입니다. 아주 가까이서 "쓰르륵" 대면 귀때기가 떨어져 나가는 것 같습니다. 신경을 긁어댑니다.

어느 새벽이었습니다. 가을 한 놈이 지하 예배당 안으로 들어왔습니다. 그땐 예배당이래야 콧구멍(?)만 했습니다.

'아니 이놈이? 여길 들어와? 기도하려고? 오홋, 귀뚜라미도? 그놈 참 기특하네?'

처음엔 그렇게 생각했습니다. 그런데 이놈이 시도 때도 없이 간격을 두고 찌르륵거리기 시작하는데 이틀이 지나니까 신경이 쓰이고 귀를 긁어대는 소음으로 괴롭혀댔습니다. 도무지 집중이 되지 않습니다.

'놈도 무슨 기도 제목이 그리 많은지? 그냥 함께 기도할까?'

그런 생각도 해 보았습니다. 그러나 찌르륵거리는 소리가 자꾸만 신경을 때렸습니다. 미안하지만 놈을 찾기 시작했습니다. 가을은 찾기가 쉽지 않았습니다. 저는 무얼 찾는 데는 맹탕입니다. 아내와 함께 가을을 뒤지기 시작했습니다. 그런데 이게 참

묘합니다. 소리가 나는 것 같아서 그쪽을 뒤지면 가을은 저쪽으로 도망가 버리고, 저쪽으로 가서 듣고 있으면 다시 이쪽인 것 같고…… 하! 가을 소리를 감청하는 데도 수고가 필요했습니다.

"가만있어 봐요."

역시 무엇을 찾는 건 아내의 몫입니다. 아내가 나지막이 소리를 질렀습니다.

"여기, 여기 있어요. 잠깐!"

하! 가을은 마이크 줄 밑에 숨어 있었습니다. 제가 잡으려고 덤비려다 그만두었습니다. 그럴 필요가 없었습니다. 아내의 팔뚝은 역시 강했습니다.

"이놈이야, 이놈."

아내의 손에 이미 가을이 붙잡혀 있었습니다.

"나한테는 못 당해."

가을을 밖에 내던지고 나서 아내는 아주 의기양양했습니다. 그러나 좀 아쉬웠습니다.

'가을도 좀 더 기도하고 떠나게 할 걸.'

슬그머니 이런 기도가 흘러 나왔습니다.

가을에는 귀뚜라미처럼 기도하게 하소서!

가을을 던져버린 것 같아서 죄송스러웠습니다.

아내는 눈치가 백단

10여 년 전에 쓴 글을 뒤적거렸습니다. 제가 쓴 글인데 다시 읽어 보면서 혼자 킥킥거리며 웃었습니다.

요즘 아내는 방학이어서 여유가 있는 편입니다. 아침이면 눈코 뜰 새 없이 바빴는데 이제는 아주 느긋합니다. 출퇴근 시간을 시계추처럼 맞추던 저도 신경을 덜 쓰게 되니 한결 마음이 편합니다. 아내가 출근할 때는 늘 혼자 점심을 먹는 편이었는데 아내가 차려 주니 그것도 괜찮은 행복입니다. 그런데 문제는 아내가 그걸 꼭 확인하려 듭니다.

"어때? 점심 혼자 먹다가 내가 옆에 있으니 좋지요?"

덥기도 하고 그래서 그저 시큰둥한 마음입니다. 결혼 생활 25년째니 무덤덤할 수밖에요. 그러니까 지금은 35년째, 헐! 그러면 아내는 가만있지를 않습니다. 한술 더 뜹니다.

"아니? 이렇게 예쁜 여자하고 점심을 먹는데 행복하지 않다고?"

언제부턴가 이런 증세가 심해지기 시작했습니다. 다 제 탓입니다. 아내 기분이 좀 가라앉았다 싶을 때 아이들을 향해 한마디 던지곤 했습니다.

"야! 너희 엄마 처녀 때 괜찮았어."

순전히 호신용이요 가정의 화목을 위해 던지는 멘트입니다. 그런데 아내는 그걸 진심으로 받아들이는 모양입니다. 그러니다 제 잘못입니다. 심은 대로 거두는 법입니다. 흑흑! 아내는 재차 묻습니다.

"왜 대답이 없지? 예쁜 여자가 싫은가?"

하이고, 옆구리 찔러서 절 받기입니다.

"알았어. 예쁜 여자하고 점심 먹으니 날아갈 것 같다. 날아갈 것 같아."

그런데 그렇게 성의 없이 말하면 안 된답니다. 억지로 대답하지 말고 마음을 담아서 말하라고 야단입니다. 점심 한번 얻어먹기 참 힘듭니다.

요 며칠 동안은 여기저기 운전해 다녀올 일이 많았습니다. 공주에 있는 농촌 교회를 방문했고, 청소년부 수련회 때문에 무주를 두 번씩이나 다녀와야 했습니다. 아내는 틀림없이 옆에 앉아 있었습니다. 차가 움직이기 시작하면 아내는 틀림없이 뭔가를 부스럭거리며 집에서 싸온 것을 풀기 시작합니다.

"복숭아 잡수실까? 과자 드실까? 골라."

차에 오르기 전 아내는 이것저것 챙기는 선수입니다. 복숭아 한 조각 주면서 설명이 깁니다. 휴게소에 들러서 돈 주고 사먹는 것보다 백배나 좋다느니, 사근사근한 아내가 옆에서 이것저것 먹여 주니 얼마나 좋냐느니, 복숭아 한 쪼가리 얻어먹다가 별소리 다 듣습니다.

"한 목사님은 참 행복한 사람이야. 나 같은 아내를 뒀으니."

하이고, 말릴 힘도 없습니다. 아내는 혼자 떠드는 라디오 같습니다.

지난 월요일 저녁은 좀 피곤했습니다. 주일을 보내고 오전에 무주까지 다녀와야 했으니까요. 돌아올 때는 국도로 달려왔더니 시간이 곱절은 걸렸습니다. 집에 오니 성도님 중에 누군가 호박죽을 가져다 두셨습니다.

"야! 오늘 저녁은 호박죽이나 먹고 말지."

아내는 단수가 높습니다. 오늘 저녁은 호박죽이라고 못을 박습니다. 저도 아내의 말에 순종해 호박죽으로 저녁을 때웠습니다.

그런데 이게 웬일입니까? 저녁 늦게 딸아이한테서 전화가 왔습니다.

"엄마. 나 지금 끝났어. 집에 갈 거야. 저녁에 먹을 거 뭐 있어?"

"그럼!"

아니? 호박죽밖에 없어서 그걸 먹고 말았는데요? 아내는 통화를 마치기가 무섭게 부엌으로 들어가더니 한참을 뚝딱거렸습니다. 남편에게는 호박죽 먹이더니 딸아이가 온다니까 당장 무슨 찌개를 한 냄비 끓여 놨습니다. 딸아이가 오더니 정신없이 떠먹었습니다. 제가 한마디 내뱉었습니다.

"딸이 무섭기는 무섭군."

그러니까 아내는 지혜로운 사람입니다. 눈치 하나는 백 단입니다. 찌개 끓여줄 사람과 그냥 호박죽 먹여도 군소리 안 할 사람을 구분할 줄 아니까요. 뭐 저도 섭섭하지 않았습니다. 그러려니 하면 그만입니다.

황당한 엽기 가족

그러니까 따져 보면 무려 15년 전이니 아득한 일입니다. 딸들이 각각 대학교와 고등학교 다닐 때 일입니다. 오래된 일이지만 너무 생생합니다.

어느 날 저녁 때 벌어진 엽기적인 사건(?)입니다. 저녁 식사를 할 때까지만 해도 집안 분위기는 잠잠했습니다. 그런데 느닷없이 아내가 산통을 깼습니다. 그때는 아내가 40대, 그래도 괜찮을 때인데 말입니다.

"요즈음 살들이 소리 지르는 것 같은데, 몸무게 좀 알아볼까?"

아내의 말이 떨어지기가 무섭게 체중계 근처로 딸들까지 우르르 몰려들었습니다. 마치 약속이라도 한 것처럼 말입니다. 여자들은 언제나 몸무게에 예민하니까요.

"엄마, 얼마야?"

아내가 올라선 체중계의 바늘은 48킬로그램에 멈추어져 있었습니다.

"그냥 그대로네."

"나는 좀 불었을 텐데."

아이들도 경쟁이나 하듯이 체중계에 올라가 봅니다.

그때 처음 알았습니다. 저희 집에서 가장 가볍고 가장 작은 사람이 아내라는 사실을 말입니다.

"아빠도 올라가 봐요."

마지막은 꼭 저를 끌어당깁니다. 올라가 봤자 좋은 소리 나오지 않을 게 뻔 하지만 가정의 화목을 위하여(?) 올라가 줬습니다.

"으와! 65킬로야. 뱃살 때문이야."

당장 야단이 났습니다. 별로 나오지도 않은 제 뱃살을 쿡쿡 찔러 보고는 이러쿵저러쿵 말들이 많았습니다. 하이고!

그래도 여기까지는 봐줄 만했습니다. 아직은 정신 상태가 정상이었습니다. 그런데 누가 시작했는지 모르지만 느닷없이 다리 한쪽씩 체중계에 올려놓기 시작했습니다. 다리 한쪽이 얼마나 나가느냐는 거지요. 무슨 소 다리, 개 다리도 아니고, 저녁 잘 먹고 이게 무슨 짓이란 말입니까?

거기까지도 그저 정상이라고 해 두지요. 요즈음은 다리가 날씬해야 하는 시대니까요. 그런데 그 다음에 또 어떤 일이 벌어졌는지 아십니까?

"머리통은 얼마나 나갈까?"

누가 그러더니 벌렁 드러누워 머리통을 체중계에 올려놓기 시작하는 겁니다. 세상에 이런 일이?

"4.5킬로그램이야."

"텅 비었네. 골이 비어서 그래."

"내 골은 어떤가 봐야겠다."

아내도 아이들도 모두 제 정신이 아니었습니다. 한 사람씩 차례로 드러누워 머리 무게를 재고는 깔깔댔습니다. 내 골이 비었느니 찼느니, 차마 눈 뜨고 봐주기 민망했습니다.

아니, 세상에 몸무게 재는 건 몰라도 머리 무게를 잰다는 얘기는 처음 들어 봤습니다. 그럼 거기서 끝났느냐? 아닙니다. 또 저를 끌어들이는 겁니다.

"아빠도 여기 누워 봐요."

아! 졸지에 저도 누워서 머리통을 체중계에 디밀었습니다. 그때 머릿속에 요상한 생각이 스쳐 지나갔습니다. 만약 머리 무게가 가벼우면 골이 텅 비었다고 할 것 같아서 지긋이 머리에 힘을 주었지요. 그것도 모르고 아이들이 탄성을 질렀습니다.

"와! 10킬로그램이다. 아빠는 골이 꽉 찼네. 목사님이라 다르긴 다르네."

그리고 배꼽을 잡고 발을 구르며 웃었습니다. 눈물이 찔끔거리도록 웃었습니다. 그날만큼은 황당한 엽기 가족이었습니다.

모두들 바쁘지만 오늘 저녁은 온 가족이 시간을 내서 웃을 일을 만들면 좋겠네요. 가족 모두가 한바탕 배꼽을 잡았으면 좋겠네요. 유치해져야 행복이 걸어 들어오는 모양입니다.

그러려니 하면 쉬워지는 일

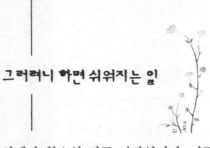

언젠가 월요일 퇴근 시간입니다. 지금은 아내가 운전을 하지만 그때는 제가 운전기사 노릇을 했습니다. 늘 그랬듯이 아내가 근무하는 학교 주차장 플라타너스 나무 곁에 차를 대놓고 기다렸습니다.

'오늘은 회의가 있는 날이라 늦나?'

퇴근 시간이 훌쩍 지났는데 감감무소식입니다. 회의를 한다면 전화를 할 수도 없는 노릇입니다. 좀 아깝게 흘러가는 시간입니다. 무료해서 라디오를 틀었습니다.

마침 재미있는 방송이 흘러나왔습니다.

'사랑이 식었다고 느껴질 때는 언제인가?'에 대한 문자 메시지를 받는 방송입니다.

이런 내용들이 올라왔습니다.

"저녁 잘 해주던 아내가 어느 날부터 '오늘은 밥 좀 먹고 들어와' 할 때", "결혼 7년째 되던 언젠가부터 아침 식탁이 썰렁할 때"등등.

주로 먹는 것과 관련이 있습니다. 남자들은 먹는 것에 신경을 많이 쓰니까요. 또 이런 내용도 있었습니다.

"이가 아프다고 하니까 부인 하는 말이 '애들 치과 치료 할부 끝나거든 치과 가라'고 할 때 나는 찬밥 됐구나 하는 느낌이 확 들어왔어요."

"부인이 벼르고 별러서 '사랑해' 했더니 남편이 쳐다보지도 않고 하는 말이 '야, 잠이나 자'라고 할 때 연애하던 시절과는 너무나 달라요, 달라."

"감기 몸살 기운이 와서 몸이 쑤신다고 전화했더니 '야, 그거 간단해. 이불 깔고 땀 쭈욱 흘리면 낫는다'고 퉁명스럽게 내뱉을 때 약 좀 사다 주면 덧나나?"

엠시를 맡은 분들도 잔뜩 거들었습니다.

"맞아 맞아, 이럴 땐 배신감 생기지. 너무했다, 너무해. 무관심할 때, 시큰둥할 때, 맞아!"

더 황당한 내용도 있었습니다.

"한겨울에 침대에 옥으로 된 무슨 전기요를 깔았는데 춥다고 하면서 자기 쪽 온도만 높이고 이불 훅 뒤집어 쓸 때 '야, 너 정말 이렇게 하기냐?'"

"연애할 때는 조용하고 말도 크게 안 하던 아내가 이제는 아무 때나 트림 꺼억 하고 방귀를 뿡뿡거릴 때, 아니, 남편 들으라고 더 힘줄 때."

"신혼 초가 생각나서 그 잘 해주던 팔베개 좀 해달라고 했더니 '야, 니가 내 팔을 베면 팔에 피가 통하지 않아 신경통 생겨' 할 때, 누가 모르나? 흑흑."

저도 방송을 들으면서 큭큭거리며 웃었습니다. 어라? 아내의 모습은 여전히 보이지 않았습니다.

'아니, 이 여자가 왜 안 나오지?'

벌써 퇴근 시간이 한 시간이나 지났거든요. 이상하게도 퇴근하는 선생님들 모습도 전혀 보이지 않았습니다. 주차장은 차들로 꽉 차 있었습니다.

'아하, 오늘 무슨 복잡한 회의가 있어서 길어지는 모양이다.'

이번엔 바로 옆에 있는 감자밭을 감상하기 시작했습니다. 그 옆에 묵묵히 서 있는 플라타너스 나무에게 말을 걸기도 했습니다. 그 너머로 도로 위를 차들이 쏜살같이 내달리는 것이 보였습니다.

'아니, 저러면 안 되는데? 사고 나는데!'

이쪽저쪽을 힐끔거리던 아주머니 한 분이 길을 가로질러 무단횡단을 했습니다. 그러더니 조금 후에는 양복 입은 신사 한 분이 부끄러움도 없이 길을 건넜습니다. 물론 지나가는 차들을 피해서요. 계속해서 학생들도, 청년들도 아주 여유만만하게 무단횡단을 하고 있었습니다. 사람들은 너나 할 것 없이 돌아가기를 싫어하는 모양이었습니다. 다시 시계를 봤습니다.

'아니, 한 시간 반이나 지났잖아?'

학교에서 근무하는 것으로 보이는 분이 지나가시기에 여쭈었습니다.

"선생님들 퇴근 안 하시나요?"

"예? 오늘은 선생님들 등산하는 날인디?"

아차차, 그제야 생각이 났습니다. 어제 저녁 아내가 내일은 등산할 테니까 오지 말라고 했던 말이 기억났습니다. 오늘 아침에 제가 깜빡한 겁니다. 그렇게 한 시간 반을 뻘쭘하게 기다렸으니, 나 원 참!

아내는 9시쯤이 돼서야 해해거리며 들어왔습니다. 저는 아무 말도 하지 않았습니다. 한 방 먹을 게 틀림없기 때문입니다. 이럴 때 저는 나름대로 꺼내는 공식이 있습니다.

'그러려니 하자. 탄식할 필요도 없고, 이 나이가 되면 다 생기는 그런 일인 게지. 그러려니 하자!'

그렇습니다. 없을 일이 있는 게 아닙니다. 있을 일이 있는 겁니다. 누구나 비슷합니다. 그러면 아주 쉬워지기도 하니까요. 곰곰이 살펴보면 살아가면서 그러려니 하면 쉬워질 일들이 꽤 많을 걸요!

무정한 여자의 오징어 국

꼭 10년 전에 쓴 글입니다. 다시 읽는 데 "쿡" 하고 웃음이 나왔습니다.

"이번 수요일에 수학여행 가야 하는데…….”

아내는 초등학교 선생님입니다. 지금은 1학년 선생님인데 10년 전 당시엔 6학년을 맡고 있었습니다. 며칠 동안 집을 비우는 게 걱정입니다.

"그래? 걱정하지 마! 마! 마!"

제가 큰소리를 탕탕 쳤습니다. 그래야 아내가 안심할 것 같았습니다. 그리고 아내는 훌쩍 떠났습니다. 경주로 가나 봅니다. 미안해하는 눈치가 역력했지만 어쩔 수 없는 노릇입니다. 한편으로는 여행 한 번 가지 못한 형편인데 잘 됐다는 생각도 듭니다.

부엌 여기저기를 살펴보니 밥솥에 밥만 한통 가득히 해놓고 떠났습니다. 은근히 걱정이 되었습니다. 언제나 그렇듯이 새벽 4시면 눈을 뜹니다. 오늘은 좀 서둘렀습니다. 교회에 가서 불 밝혀 놓고 다시 집으로 올라왔습니다. 이럴 때는 사택과 교회가 가까워서 얼마나 좋은지 모릅니다. 10년 전에는 한 건물 안에 사택과 교회가 함께 있었습니다.

새벽 5시면 밥을 먹어야 하는 아이가 있습니다. 둘째가 고 3일 때입니다. 얼른 서둘러야 합니다. 밥은 퍼놨는데 반찬이 마뜩치 않습니다. 아이는 국이 꼭 있어야 하는 체질입니다. 아내가 준비해 놓은 수프를 끓였습니다. 수프 끓이는 건 제가 잘하는 편입니다. 물을 미지근하게 하고 수프 가루를 넣어야 금방 풀어지면서 끓게 됩니다. 펄펄 끓는 물에 넣거나 차가운 물에 넣으면 동글동글 뭉쳐 버려서 아주 이상해집니다.

그리고 김치찌개도 한 냄비 만들었습니다. 김치찌개? 그거 간단합니다. 신 김치 숭숭 썰어 넣고 마늘 다져 놓은 거 좀 넣고 양파 좀 썰어 넣고 펄펄 끓이다가 나중에 다시다 좀 넣고 그래도 싱거우면 간장 조금 치면서 간 맞추고, 그거 별거 아닙니다. 하이고! 그렇게 식탁을 마련했더니 뭔가 부족한 느낌이 듭니다. 그래서 배도 한쪽 깎아서 가지런히 늘어놓았습니다. 아차! 참치도 하나 따 놓았습니다.

그리고 시계를 보니 4시 55분, 허걱! 새벽기도회가 5시에 시작되는데, 얼른 아이를 깨우고 교회로 내려갔습니다. 가슴이 벌렁벌렁거렸습니다.

으으으, 기도하는데 손끝에서 마늘 냄새가 폴폴 올라 왔습니다. 새벽기도를 마치고 좀 서둘렀습니다. 혹시 아이가 일어나지 않았다면 야단입니다. 그런데 괜한 걱정입니다. 아이는 벌써 아침을 들고 학교에 간 후였습니다.

'아침은 제대로 먹고 갔나?'

빈 그릇이 하나 보이기는 했습니다. 아침과 점심을 저는 혼자서 김치찌개만 실컷 먹었습니다. 김치찌개? 으와, 그렇게 맛대가리 없는 건 처음이었습니다.

'저녁은 라면으로 처리하자.'

어쩔 수가 없었습니다. 그런데 문제는 이 여자, 하루가 지나도록 전화 한 통 없습니다. 궁금하지도 않은 모양입니다.

"야! 니 엄마 정말 무정한 여자다."

"바쁘니까 그럴 테지."

딸은 엄마 편입니다.

이튿날까지 속으로 '이 여자, 정말 무정한 여자'를 노래했습니다. 드디어 전화가 왔습니다.

"해해, 전화 늦었지?"

알긴 아는 모양입니다. 아내는 원래 전화를 잘 하지 않습니다. 벌써 알고 있는 일입니다. 그때까지 핸드폰도 없었습니다.

드디어 아내가 돌아왔습니다. 아내 앞에서 아이들이 놀라운 얘기를 한 모양입니다.

"엄마, 아빠가 차려준 아침, 진수성찬이었어!"

크크! 저 혼자 방안에서 통쾌하게 웃었습니다. 그런데 그때 아내가 팩 틀어지는 소리를 한방 내질렀습니다.

"야, 그거 모두 인스턴트 음식이었지?"

무정한 여자도 자존심이 상할 때가 있는 모양입니다. 그날 저녁 오징어 국을 보란듯이 거나하게 끓이는 것이었습니다. 무정해도 오징어 국은 일품이었습니다.ㅋㅋ

장모님! 어머님! 이모님!

5월이면 어머님, 장모님, 이모님을 모시고 점심식사를 대접해 드리곤 했습니다. 세 분이 한 자리에 모이면 아주 즐거워하셨습니다. 지금은 세 분 모두 하늘나라에 가셨습니다.

세 분이 다 나름대로 특징이 있으셨습니다.

장모님은 아주 조용하셨지요. 오셔도 오셨는지, 가셔도 가셨는지 모르는 분이었습니다. 말씀을 하실 때에도 은근한 미소를 지으면서 나직하게 몇 마디 하시는 게 전부였습니다. 그저 속으로만 모든 것을 담아 두시는 분입니다. 싫어도 싫은 내색 하지 않으셨고 좋아도 그저 담담히 웃기만 하셨습니다. 모든 고통과 괴로움을 혼자서 삭이며 사셨습니다. 나중에 당뇨로 많은 고생을 하셨습니다.

어느 날 전화를 드렸는데 목소리가 이상해서 달려간 적이 있습니다. 문을 두드려도 인기척이 없어서 문 따는 분을 불러다 열고 들어가 봤더니 이미 정신을 잃은 후였습니다. 그때 알았습니다. 저혈당이 오면 설탕물이나 주스를 마시도록 해야 얼른 회복된다는 사실을.

이제는 하늘나라에 가셨지만 저는 장모님으로부터 소중한 것을 배웠습니다. 아끼고 아끼는 생활 습관입니다. 장모님은 홀로 삼 남매를 키우고 공부 시키셨습니다. 근검절약이 몸에 밴 분이셨습니다. 아내가 빼다 닮았습니다. 그러나 너무 속으로만 삭이면 안 되겠구나 하는 것도 깨달았지요.

어머님은 장모님과 영 딴판입니다. 어디를 가든지 어머님이 거기 계신 사실을 얼른 알아차릴 수 있었습니다. 목소리도 크고 웃음소리도 크셨지요. 분위기가 잠잠하다 싶으면 한바탕 우스갯소리를 해서 뒤집어 놔야 후련해하는 분이었습니다. 얼마나 활달하고 부지런하셨는지 제가 따라갈 수 없을 정도였지요. 무슨 일이든지 당신이 앞장서야 시원해하는 분이었지요. 생각보다 행동이 먼저 가는 분이어서 속이 좁은 저와는 충돌이 많았습니다. 어머님이 돌아가시고 곰곰이 계산해 보니 이사를 스물두 번을 다녔다는 사실을 알았습니다. 예전에 이사란 짐들을 직접 손으로 꾸리고 날라야 하는 것이었는데 그 모든 일을 어머님이 감당하셨습니다. 아버님은 관심이 없으셨고 저는 어렸으니 도움이 안 됐습니다.

저는 '어머님' 하면 열정이 생각납니다. 뜨거움이 대단하셨지요. 그러나 건강하다고 너무 함부로 하면 안 되겠구나 하는 것을 어머님을 통해 깨달았습니다. 물론 제가 신앙을 갖게 된 것도 전적으로 어머님 덕분입니다. 요즘도 종종 어머님 기도 소리가 귓전을 울리지요.

이모님 성격은 장모님과 어머님의 중간 정도라 할 수 있습니다. 어버이날 이모님을 찾아뵈었습니다. 그때 연세가 여든 일곱이셨습니다.

"아이고, 뭐 하러 와?"

반갑다고, 잘 왔다는 말씀이지요.

"이런 건 뭐 하러 사왔어?"

이건 잘 사왔다는 말씀이고요. 다과점에 들러 빵 몇 개 사드렸더니 한 개를 그 자리에서 다 잡수셨습니다.

"이빨? 하나도 없어. 아이고, 힘들어 누워야겠다."

이모님은 사촌누님과 함께 사셨습니다.

"테레비? 그것도 재미없어."

세상에 재미있는 것이라고는 하나도 없는 연세가 되셨습니다. 희한하게도 이모님은 젊은 시절부터 골골하셨지요. 그런데 장수하셨습니다.

저도 이모님 신세를 참 많이 졌습니다. 그때 이모님을 뵙고 돌아오면서 많은 생각을 했습니다. 아무것도 할 수 없고, 아무 재미도 없는 날이 이르기 전에 지금 이 순간 최선을 다하며 성실해야겠다는 지혜를 만지작거렸습니다. 그 이모님도 몇 년 전 하늘나라로 가셨습니다.

5월의 장미도 꽃잎을 툭툭 떨어뜨리는 요즘입니다. 5월을 보내면서 생각합니다. 저 앞을 미리 내다보고 지금을 살았으면 좋겠습니다.

기억나지 않아도 큰 사랑 받고 먹은 거다

1.

한참 만에 오는 버스를 기다리고 있었습니다. 바로 옆에 한 어린아이가 엄마와 함께 버스를 기다리고 있는 모습이 보였습니다. 어린아이가 지쳤는지 엄마에게 아이스크림을 사달라고 보채기 시작했습니다. 엄마는 안 된다, 아이는 사 달라 실랑이를 하다가 결국 엄마는 아이스크림 하나를 사주었습니다. 아이는 신나게 아이스크림을 먹는가 싶더니 엄마에게 이러는 겁니다.

"엄마, 나 다리 아파."

"그래서 어쩌라고?"

"업어 줘."

"엄마도 다리 아파."

"그래도 업어 줘."

엄마 다리가 아프거나 말거나 아이는 칭얼댔습니다. 엄마는 할 수 없이 아이를 등에 업었습니다. 그런데 그때 문제가 발생했습니다. 엄마가 아이를 업다가 아이가 들고 있던 아이스크림 덩어리가 훌렁 땅바닥에 떨어져 버리고 만 것입니다. 그 순간 정말 눈 뜨고 볼 수 없는 광경이 벌어졌습니다. 고래고래 소리 지르며 아이가 울기 시작했습니다. 그것도 그냥 우는 게 아닙니다. 엄마 등짝을 후려치면서 발광하듯이 굴러대며 말입니다.

"내 아이스크림 내놔! 내 아이스크림!"

그 광경을 보면서 정말 괘씸하다는 생각을 했습니다. 도대체 그 아이스크림은 누가 사준 것입니까? 그리고 다리 아프다고? 아니, 엄마 다리는 안 아픕니까? 그리고 누구 등에 업혔는데요? 누구 신세를 지고 있는데 엄마 등판을 그렇게 두들기는 것입니까?

그런데도 아이 엄마는 "엄마가 잘못했어. 또 사줄게" 하는데, 그 아이를 한 대 콱 쥐어박고 싶었습니다. 그리고 한참 생각했습니다.

"아! 그렇구나! 저게 인생이구나. 저 아이가 엄마의 저 지극한 사랑을 기억이나 할까?"

어떻게 기억하겠어요? 기억 못 할 겁니다. 보통 네 살까지 받은 사랑은 기억나지 않는다고 합니다. 그때 받은 사랑이 가장 큰 사랑인데요. 기저귀 찼던 일 기억날까요? 그럼 다섯 살 넘어 오줌 쌌다는 증거입니다. 엄마 젖 먹던 생각이 난다고요? 입 밖에 내지 마십시오. 그건 여섯 살 때까지 엄마 젖 먹었다는 걸 광고하는 것이니까요. 무조건적인 사랑, 우리가 받은 지극한 사랑은 기억나지 않는 법입니다. 그러나 기억나지 않는다고 그런 사랑을 받지 않은 것이라 할 수 있겠습니까? 그러니 이렇게 딱 정해 놓고 가야지요.

"무조건적인 사랑이 기억나지는 않는다. 그러나 나도 그 큰 사랑 받아먹었으니 여기 있는 거다!"

2.

며칠 전에 전화가 왔습니다. 전혀 모르는 전화입니다. "예" 하고 받았는데 다짜고짜 묻습니다.

"선생님이시지요? 맞지요? 한용구 선생님, 그렇지요?"

걸걸한 40대 아주머니가 냅다 소리를 지르는데 귀가 떨어져 나가는 줄 알았습니다. 그래서 엉거주춤 대답했습니다.

"예, 아, 예, 그렇습니다만."

"저요? 영숙이에요. 신도초등학교 44회 졸업생, 영숙이. 기억 안 나세요?"

아니, 35년이나 지났는데 어떻게? 하이고! 하지만 이런 경우를 몇 번 경험해 봐서 이렇게 얼버무렸습니다.

"아, 예. 그래요? 기억이 날 듯 말 듯 하는데."

"아, 저요. 그때 6학년 3반. 우리 선생님이잖여유?"

완전히 충청도 사투리로, 그러나 아주머니의 그 특유한 냅다 해다 붙이는 말로 쏟아내는데, 허허 웃기만 했습니다.

"선생님, 그때 재미있는 얘기 많이 해줬잖어."

하이고, 선생님이라 하지 말든지, 반말도 슬슬 섞어가면서 말입니다.

"그때 다른 반 애들이 우리 반 무지하게 부러워했잖여유?"

묻지도 않았는데 별 얘기를 다합니다.

"나유? 일찍 결혼해서 지금 할머니 됐시유. 다른 애들은 고등학교 다니는데, 나만 할머니 됐시유. 선생님, 한번 만나유. 정말 보고 싶어유."

하! 헷갈렸습니다. "예, 예" 해야 하는지, "그래, 그러자" 해야 하는지, 정말 헷갈렸습니다.

"내가 선생님 전화 번호 알았으니께 친구들에게 연락해서 다시 한 번 연락할게유. 그때 뵈유."

"만나면 환상이 깨질 텐데?"

"원, 선생님. 걱정도 팔자유! 다시 뵈유."

에구구, 아줌마 된 제자 때문에 정말 진땀 뺐습니다. 그래도 한편으로는 옛날 스승이라고 찾아 주니 반갑기는 했습니다.

5월, 가정의 달이 그렇게 푸르러 갑니다. 가정마다 화목이 가득하시기를 간절히 소원합니다.

1학년 선생님 말씀을 듣던 날

언젠가 아내가 아이들을 가르치는 교실을 방문한 적이 있습니다. 아이들은 이미 집으로 돌아간 뒤였습니다. 그래도 여기저기 늦은 아이들을 마주치기는 했습니다. 마루로 된 복도를 걸어가는데 예전에 제가 교편을 잡던 시절이 확 떠올랐습니다. 아이들의 와글거리는 소리도 들리는 듯했습니다. 복도 여기저기 아이들 그림이 붙어 있고 신발장엔 어느 녀석의 것인지 운동화 한 짝만 내동댕이쳐져 있었습니다.

몇 개의 교실을 지나가는데 교실 안에 있던 선생님들이 힐끔거렸습니다. 좀 멋쩍었습니다. 혹시 아는 선생님과 마주치지나 않을까 조마조마했습니다.

"드르륵."

교실 문을 열었습니다.

"왔네!"

아내가 반가워했지만 분위기는 조금 어색했습니다. 교실에서
얼굴을 마주치기는 처음이었으니까요. 교실 여기저기엔 아내의
손이 닿은 흔적이 보였습니다. 오밀조밀하게 잘도 꾸며 놓았습
니다. 제가 근무할 때와는 많이 달랐습니다. 우선 책상과 걸상이
산뜻해졌고 아이들 수가 줄어들어 공간도 여유로웠습니다. 시청
각 시설들이 눈에 확 들어왔습니다. 제가 교직에 있을 때 컴퓨터
는 구경도 못 했습니다. 지금은 컴퓨터 없으면 수업이 안 되는
모양입니다.

"여기 앉아 있어요."

아내는 잠깐 교실을 나갔습니다. 아내 의자에 앉아서 또 옛 생
각에 잠겼습니다. 아이들을 가르치던 그때도 꽤 괜찮았습니다.
문득 주변을 두리번거리다가 창문 밑에 놓아둔 비커를 발견했습
니다.

'이게 뭐지?'

비커는 세 개였습니다. 첫 번째엔 물이 담겨 있고 두 번째엔
사이다라고 적혀 있었습니다. 세 번째 비커엔 콜라가 들어 있는

게 분명했는데 그 밑에 실험 내용이 기록되어 있었습니다.

"달걀 껍데기는 물과 사이다와 콜라 속에서 어떻게 변할까?"

하아! 실험을 시작한 지 며칠이 지난 모양입니다. 자세히 들여다보니 물속에 넣어둔 달걀 껍데기는 그대로 싱싱합니다. 사이다 속에 들어 있는 껍데기는 좀 상했습니다. 그런데 콜라 속에 들어 있는 달걀 껍데기는 종잇장처럼 흐물거리고 있었습니다. 삭아 있는 모습이 선명했습니다.

'아하!'

그제야 아내가 왜 콜라를 마시지 않는지 알았습니다. 제가 콜라를 마시면 왜 잔소리를 하는지 알았습니다.

"잘 봐요. 콜라 속에 넣은 달걀 껍데기가 어떻게 됐는지."

언제 들어 왔는지 아내가 옆에 서 있었습니다. 저는 무얼 잘못하다가 들킨 1학년짜리 학생 같았습니다.

"사이다도 좋지 않아요. 그저 맹물이 최고지. 맹물이 최고야."

그 순간 저는 갑자기 1학년 선생님 앞에 꼼짝 못하고 서 있는 어린이가 되어 있습니다. 증거가 눈앞에 있는데 무슨 이유를 달겠습니까?

그 후로 사이다나 콜라를 마실 때는 아내 몰래 마시는 습관이 생겼습니다. 물론 마시는 양도 줄긴 했습니다. 탄산음료를 마실 때면 자꾸만 달걀 껍데기가 녹아 있던 그 비커가 떠오릅니다. 그러니 증거가 힘입니다. 종종 목사가 1학년 선생님 말씀을 귀담아들어도 괜찮겠다는 생각을 해봅니다.

언젠가 읽은 책 제목이 생각났습니다. 《내가 정말 알아야 할 모든 것은 유치원에서 배웠다》. 빙고! 그러나저러나 요즘 봄꽃이 난리가 났습니다. 으와! 감탄입니다! 요즘은 감탄할 줄 모르면 사람도 아닌 것 같습니다.

뭐? 내가 문제라고? 용구가 문제라고?

학기 초가 되면 긴장합니다. 아이들 때문이 아닙니다. 아이들은 다 컸습니다. 아내가 학교 선생님이기 때문입니다. 그것도 1학년 담임선생님입니다. 제가 교직에 있을 때는 서로 1학년 담임을 하려고 했는데 지금은 사정이 다른 모양입니다. 너무 힘들다고 합니다.

아빠, 삐졌지?

저도 교직 생활 중에 딱 한 번 1학년 아이들을 담임해 본 적이 있습니다. 정말 죽는 줄 알았습니다. 말이 통하지 않았습니다. 6학년 다 큰 아이들을 가르칠 때는 쉽습니다. 훈련이 잘 되어 있으면 고갯짓만 해도 알아듣습니다. 손짓만 해도 척척입니다. 긴 말이 필요하지 않습니다. 그런데 1학년은 이게 안 통했습니다. 제가 6학년 아이들을 다루듯이 말했습니다.

"자, 누가 교무실 가서 분필 좀 가져 올래?"

그러면 6학년 아이들은 반장이 눈치껏 알아서 가져오거든요. 그런데 1학년은 전혀 달랐습니다. 누가 교무실 가서 분필 좀 가져 오라는 소리가 떨어지자 마자 20여 명이 한꺼번에 교실을 나가서 복도를 뛰기 시작합니다. "우당탕탕탕."

"하이고, 애들아, 한 사람만 가라고!" 고래고래 소리 질러도 엎질러진 물이었습니다. 교무실에 들어간 1학년 20여 명 올망졸망한 아이들이 여기저기 휘젓고 돌아다니면서 분필 어딨냐며 아수라장을 만들어 버리고 맙니다. 정말 창피해서 혼났습니다.

그런 1학년을 가르치는 아내가 참 대단하다 싶을 때도 있습니다. 그런데 문제는 올해 맡은 업무에 있습니다. 청소 담당인 모양인데 이게 간단치 않다고 합니다. 학기 초가 됐으니 학년별, 반별로 필요한 청소 도구를 신청 받아서 취합하고, 그걸 업자에게 주문해서 나누어 주는 일입니다. 1학년을 가르치면서 한편으로는 40여 개의 반을 상대로 맡은 업무를 처리하다 보니 이게 보통 복잡한 일이 아닌 모양입니다.

어느 날 아내가 넋두리를 합니다.

"정말 복잡해. 학교 처음 들어온 1학년 아이들 가르쳐야지, 청소 도구 주문 받아서 나누어 줘야지. 요즘 내 머리가 너무 복잡해. 너무!"

아무리 힘들어도 힘들다고 내색하지 않던 아내가 저러는 건 몹시 힘든 게 틀림없습니다. 이럴 땐 제가 더 긴장합니다. 일부러 설거지도 얼른 해놓습니다. 방 청소도 얼른 합니다. 특히 걸레질하는 건 남자들에게 쉽지 않은 일이지만 이 어려운 일도 한번(?), 딱 한 번 했습니다. 그런데 퇴근한 아내가 이걸 모르는 눈치입니다. 그래서 제가 방정을 떨었습니다.

"아니, 뭐 달라진 거 없어?"

"뭐요?"

"방바닥 윤이 나잖아. 내가 걸레질 했어."

그런데 "피" 하고 안방으로 들어가 버립니다. 그러더니 안방에서 궁시렁거립니다.

"오늘도 복잡해. 청소 도구 이거 사 달라, 이거 왜 안 보내 주냐? 여기저기서 연락이 오는데, 아이들 가르쳐야지. 하이고!"

그러더니 마지막에 요상한 소리를 하는 겁니다.

"도대체 요즘은 다른 게 문제가 아니고 청소 용구가 문제야, 청소 용구!"

뭐? 아니 이게 듣기에 따라서는 묘하게 들리는 겁니다. 제가 이름이 용구잖아요. 청소 용구가 문제라고? 제 귀에는 용구가 문제라는 소리로 들리고 말았습니다.

"뭐? 내가 문제라고?"

"아니, 청소 용구. 청소 용구가 문제라고."

그리곤 또 낄낄 웃습니다. 약 올리는 겁니다. 듣기에 따라서는 요상하게 들렸습니다. 제가 뒤끝이 오래가는 A형 아닙니까?

"도대체 청소가 문제야? 용구가 문제야?"

그래도 어쨌든 아내가 웃었으니 안심입니다.

이대로 3월 한 달 잘 마무리하고 4월을 맞이합니다. 개나리꽃이 와글거리기 시작합니다. 이제 곧 감탄의 계절입니다. 그럼 됐습니다.

무슨 배짱으로 시집 왔냐고?

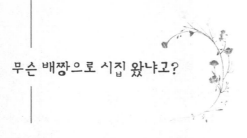

저녁 식사 시간입니다. 느닷없이 딸아이가 묻습니다.

"엄마, 엄마는 무슨 배짱으로 아빠한테 시집 왔어?"

하이고! 제가 밥을 넘기다가 크게 사래들 뻔했습니다. 아니, 밥 잘 먹다가 이게 무슨 김밥 옆구리 터지는 소리입니까? 무슨 배짱으로 시집을 왔냐? 이거 듣기에 따라 아주 맹랑한 말입니다. 처음엔 아내도 무슨 말이냐는 표정입니다. 딸아이의 말이 이어졌습니다.

"아빠 총각 때 사진 보니까 형편없던데. 바짝 말라서 무슨 난민촌 사람 같아 보이는 데다가 집안은 가난하고."

하! 그랬습니다. 그건 맞는 말입니다. 30대 초반에 찍은 제 사진을 보면 정말 빈티가 줄줄 흐릅니다. 죽 한 그릇 못 얻어먹는 사람같이 눈은 쑥 들어가고 볼은 움푹 패고, 웃고는 있는데 얼굴 가득 주름이 재잘거리니, 한심하기 짝이 없는 얼굴이었지요. 그래도 아내는 그저 빙그레 웃고만 있었습니다. 할 수 없이 제가 한마디 했습니다.

"야, 그래도 아빠 좋다는 여학생 몇 명 있었어. 왼손으로 악수

하자는 여학생도 있었다니까."

괜히 옛날 기억을 뒤적거리게 만드네요. 공주에서 교육대학을 다닐 때 일입니다. 졸업할 때가 됐는데 어느 여학생이 만나자는 겁니다. 그러더니 골목에서 헤어지면서 악수를 청했습니다. 거의 36년 전 일입니다. 그때는 남녀가 악수만 해도 전기가 찌리릿 오던 시절입니다. 여학생이 먼저 악수하자고 손을 내미는데, '어라?' 속으로 깜짝 놀랐습니다. 왜냐하면 오른손이 아니라 왼손이었기 때문입니다. 손을 다친 것도 아니고 왼손잡이도 아닌데 왼손이라니? 저도 얼떨결에 왼손을 내밀고 그 여학생과 악수를 했지요. 나중에 연애에 도통한 친구 녀석에게 물었더니 그게 보통심오한 뜻이 있는 게 아니었습니다.

"오른손은 많은 사람과 악수를 한 오염된 손이잖아. 그러나 왼손은 깨끗한 손이니 네게 처음을 준 거야!"

크아악! 그거 일리 있는 해석이었습니다. 그러나 그때 저는 이미 다른 여학생에게 마음을 홀라당 뺏기고 있을 때여서 거기서 땡치고 말았습니다.

"아빠한테도 접근하는 여학생이 있었다니까!"

그러나 딸애는 제 얘기에는 신경도 쓰지 않고 계속 아내에게 다그쳤습니다.

"엄마, 할아버지가 얼마나 고약한지도 알았다메? 빠짝 말라서 볼품도 없지, 시아버지 될 분은 고약하기로 소문났지, 가난하지, 그런데 무슨 배짱으로 시집 왔냐니깐?"

그래도 싱긋 웃기만 하는 아내를 보다 못해 제가 한마디 했습니다.

"야, 그래도 니 할머니는 좋은 분이셨어!"

제 생각이 그랬습니다. 저도 볼품없고 제 아버님은 고약하지만 어머님은 그래도 너그럽고 괜찮은 분이었거든요. 그런데 말입니다. 그때까지만 해도 싱긋 웃기만 하던 아내의 동공이 확 열리면서 입도 터졌습니다.

"뭐? 어머니가 너그러워? 겨울에 출근하는 아들 발 시리다고 구두를 연탄불에 쬐어서 신기지를 않나, 며느리도 있는데 낮에 아들 속옷 다 뒤져서 빨래를 해놓으시지를 않나. 외아들이라고, 내가 얼마나 힘들었는지 알아?"

결혼 36년 만에 처음 들었습니다. 아내의 입에서 시집살이의 아픈 상처가 줄줄 쏟아지는데, 무슨 쌀자루에 구멍 뚫린 것 같았습니다.

정말 깜짝 놀랐습니다. 어머님이 그렇게 며느리를 힘들게 하셨다는 사실을 말입니다. 아하, 외아들 하나 보고 살아오신 어머님의 언행이 아내에게는 그렇게 힘든 상처였구나. 그날 식사를 하면서 저는 깨갱도 못했습니다.

"그러니까 가난한 집안에 시부모님은 그렇고 그런데 무슨 배짱으로 아빠한테 시집을 왔냐고?"

'아니 얘가? 무얼 잘못 먹었나?'

아내는 시원한 대답을 하지 않았습니다. 저에게 시집온 것이 인생 최대의 실수였다고 생각하는 것일까요? 할 수 없이 제가 중얼거렸습니다.

"그래도 아빠는 점점 좋아지잖아. 니가 그랬잖아? 아빠의 총각 사진보다는 지금이 훨씬 낫다고."

그렇게 마무리됐지만 36년 만에 들추어진 아내의 상처가 자꾸만 마음에 걸렸습니다. 그때 저는 그런 사실을 전혀 몰랐거든요. 그래서 남자는 점점 쪼그라들 수밖에 없는 존재일까요? 그래도 혼자 중얼거립니다.

'무슨 배짱으로 시집 왔냐고? 그래도 무슨 좋은 구석이 있으니까 왔겠지.'

아내에게 들키지 않게 혼자만 중얼거려 봅니다.

공부는 못해도 인간성 하나는 좋아야지

시험을 망치는 이유랍니다.

첫째, 공부하려고 작정한 뒤 우선 책상 정리부터 한다.

저도 기억납니다. 이젠 정말 열심히 해야지, 작정하고 책상 정리부터 했는데 정리할 게 왜 이리도 많지요? 그거 하다 지치고 말았지요. 처음부터 공부할 마음 별로 없었던 걸까요? 흐흐. 쿡 찔립니다.

둘째, 처음에는 책상 위에서 하다가 갑자기 방바닥에 상을 펴놓고 앉아서 한다. 그 다음엔 허리 건강을 위해 방바닥에 엎드려 한다.

그러다 잠들고 말지요. 방바닥에 엎드려 '잠깐만' 하다가 그만 하룻밤이 홀랑 날아가지요. 잠이 보약이긴 합니다만, 시험 치르는 날 아침엔 얼굴이 노랗게 되지요.

셋째, 시험 전날 공부 안 한 동지들을 모아서 우리 함께 포기하자고 한다.

나 혼자 시험 망치는 거 싫으니까요. 나와 함께 갈 동지가 있다는 거, 대단한 위로가 되지요. 그러나 이거 즐기면 곤란합니다.

넷째, '공부하고 자야지'가 아니라 '자고 공부해야지' 한다.

그럼 틀림없이 꽝입니다. 이건 공부하지 않겠다고 다짐하는 거나 마찬가지지요. 먼저 할 일 나중에 하고 나중에 할 일 먼저 하니 후회가 크지요. 순서가 잘못되면 결과는 엉망이니까요.

다섯째, 시험 기간만 되면 텔레비전 시사 프로그램이 무진장 재미있어진다.

그거 이상한 일입니다. 소화가 안 될 땐 왜 그렇게 함께 식사 하자는 분들이 생기는 걸까요? 약 올려?

여섯째, 공부는 못해도 내가 인간성 하나는 좋다고 생각한다.

그거 맞는 말일까요?

언젠가 아내가 물었습니다.

"화요일 저녁에 음악회 함께 갈래요?"

"무슨?"

나이가 드니까 자꾸만 말이 간단해집니다.

"요기, 예술의전당에서 공연 있거든. 대전시립합창단에서 하 는 건데 초대권이 왔는데?"

공짜라는 겁니다. 처음엔 그저 그러고 말았습니다. 한창 바쁜 일이 있어서 눈알이 뱅뱅이었으니까요. 화요일 저녁 금쪽 같은 시간에 음악회 감상을 하고 있을 수 있을까요?

그런데 이튿날 아내가 꽉 찔러댔습니다.

"목사님도 좀 문화적인 여유를 가져야지."

방법도 가지가지입니다.

아내의 속을 잘 알지요. 음악회에 '쌩뚱 맞게' 혼자 가고 싶지 않다는 겁니다.

"알았어."

"그거 바바리코트 입고 가면 좋겠네."

음악회 가는데 후줄근하게 가지 말고 멋 좀 부리고 가라는 얘기입니다. 멋 부릴 거나 뭐가 있나요? 몸에 멋이 들어 있어야지. 그리고 그 바바리코트, 10년 넘은 옷입니다.

화요일 저녁 저는 그저 소 팔러 가는데 개 따라 가는 기분으로 10분을 걸었지요. 음악회 가는데 아내는 팔짱도 안 끼고 바람이 차가운 날씨였습니다. 근 20년 만에 함께 가는 음악회라 아내는 붕 떠 있었습니다. 그런데 이게 웬일입니까? 으와! 예술의 전당에 웬 사람이 그렇게 많은 겁니까? 와글와글, 초대장을 좌석으로 바꾸는 줄을 서는 데만 30분이 걸렸습니다. 그런데 또 김밥 옆구리 터지는 소리가 들렸습니다. 좌석이 다 찼다는 겁니다. 사람이 안 올까 봐 1.5배의 초대장을 돌렸다나요? 하이고!

"집에나 가."

제가 한마디 했습니다. 차가운 밤바람 맞아가며 돌아오면서 바로 그 생각, 공부 못하는 아이들의 특징 마지막 것을 생각했습니다.

'공부 못해도 내가 인간성 하나는 조오타.'

잘 참았습니다. 그렇습니다. 뭘 좀 못해도 인간성 하나는 좋아야지요. 어쩌면 인생은 그거 하나만 있어도 충분할 때가 많으니까요.

잘 참는 거, 그게 최고입니다. 누구나 어디서나 역시 잘 참는 게 정답일 때가 참*많은 게 인생입니다.

내 나이가 어때서

2008년 무렵의 일입니다. 초등학교 교사인 아내는 방학이어서 국악 연수를 받고 있었습니다. 집에만 오면 야단입니다.

"국악 연수 참가자 중에 내가 나이가 제일 많아."

"그게 어때서?"

"어떻긴? 생각해 봐. 다른 사람들은 모두 딸 나이야."

아내는 신경이 바짝 쓰이는 모양입니다.

"나보다 나이 많은 남자 선생님이 한 분 있는데 그분은 오늘 중간에 가버렸어. 그리고 나야."

"아 그래도 당신은 40대로밖에 안 보일 걸? 젊어 보이잖아."

은근슬쩍 비위 맞추는 말을 담았습니다. 그 말에는 대꾸도 않고 자기 말만 계속 중얼거렸습니다.

"단소가 안 돼. 도대체 소리가 안 나. 젊은 선생님들은 얼마나 잘 하는지 몰라."

다급했는지 아내는 아침저녁으로 시간만 나면 단소를 입에 물고 돌아다닙니다. 낮은 소리는 그래도 잘 내는 것 같은데 높은 소리는 영 듣기가 거북합니다. 바람 새는 소리만 픽픽거릴 뿐입니다. 밖으로 소리가 나갈까 봐 방문 걸어 닫고 애 쓰는 모습이 애처롭습니다.

"이거 해둬야 돼. 나중에 나이 더 들어서 교직에서 쫓겨나지 않으려면 이런 거라도 배워둬야 해."

어느 날은 다급한 소리를 했습니다.

"단소 지도하는 선생님이 뱀에 물렸대. 그래서 다른 선생님으로 바뀌었는데 이분은 아주 꼬장꼬장해. 한 사람씩 막 시켜. 나는 못한다고 했더니 그래도 시늉이라도 내라는 거야. 하이고, 소리가 나야지, 소리가. 그래도 열심히 하는 모습이 보기 좋다나 뭐라나? 슬슬 칭찬도 하긴 해."

아주 입에 오토바이를 달았습니다.

단소를 픽픽거리다가 그 다음은 장구채를 집어 듭니다. 방바닥이며 벽이며 그릇이며 닥치는 대로 두들기는데 가관입니다. 눈 뜨고 보기가 민망합니다.

"옆집에서 뭐라고 하겠다. 좀 살살 하면 안 돼?"

"이거 목사님도 해야 돼. 운동에는 그만이야. 나이 들어서 하기에 아주 좋아."

그래 놓고는 또 "투 탕탕 투 탕탕 투 타타 탕" 하는데 옆에 있는 저는 가슴이 벌렁벌렁거립니다.

어느 날은 김밥을 잔뜩 싸갔습니다.

"나이가 들어서 못 따라가니까 자꾸 미안해. 김밥으로라도 점수를 따야지. 어제는 선생님들 몰래 신발 정리를 해 놨더니 모두 감탄하는 눈치였어. 그래도 장구는 지난번에 연수받은 게 있어서 따라갈 만해."

아주 으쓱하는 눈치입니다.

"나중에 내가 수강료 안 받고 공짜로 가르쳐 드릴 테니까 기다려!"

물어보지도 않은 말을 쑥쑥 뱉으면서 또 두들깁니다.

그 다음은 고전무용입니다. 한쪽 손에는 주걱, 다른 손에는 종이부채를 들고 거실을 폴짝폴짝 뛰어 다닙니다.

"이거 할 만해. 운동 많이 돼. 따로 운동할 필요가 없어. 땀이 줄줄 나."

그래 놓고는 멋쩍은지 혼자서 킥킥거립니다. 남편에게 춤추는 모습을 처음 보여 주니까 쑥스러운 모양입니다. 그렇게 가볍게 뛰는 모습을 저도 처음 봤습니다. 그럼 이제 끝났느냐? 아닙니다. 이번엔 낮은 책상에 앉아서 공책을 꺼냅니다.

"뭐 해?"

"한자 공부. 글씨가 형편없어서 창피해. 열심히 해서 급수 시험도 볼 거야."

이제 곧 연수 중인 곳으로 아내를 데리러 갈 시간입니다. 오늘은 단소 소리가 잘 났는지 궁금합니다. 느닷없이 요즘 유행한다는 가요가 생각났습니다.

'내 나이가 어때서!'

아내의 방학은 그렇게 흘러갔습니다.

딸과 아내가 궁시렁거리던 날

방학이 끝나갈 때의 일입니다.

"머리 손질하고 염색해야 하는데 어쩌지?"

아내가 며칠 동안 궁시렁거렸습니다. 다 이유가 있습니다. 둘째가 종종 머리 손질을 해줬는데 그걸 기대하는 눈치입니다. 미장원 가는 비용을 줄이려는 속셈입니다.

"알았어. 알았어. 내가 해줄게."

딸아이가 눈치 채고 가위를 집어 들었습니다.

"어! 가위 솜씨가 괜찮은데?"

제가 옆에서 한마디 거들었습니다. 아내는 신문지로 앞뒤를 가리고 거울 앞에 다소곳하게 앉아 있었습니다. 아이는 앞뒤로 오가며 열심히 가위질을 해댔습니다. 그러면서 딸과 아내의 궁시렁거림이 시작된 겁니다. 아이가 들고 있는 가위를 보더니 아내가 먼저 시비를 걸었습니다.

"야! 이 가위 무슨 가위지?"

"아빠 코털 가위지, 무슨 가위야!"

"코털 가위? 야, 야! 다른 걸로 해. 더럽게 아빠가 코 쑤시던 가위로 내 머리를 다듬냐?"

느닷없이, 정말 느닷없이 불똥이 저에게 튀기 시작했습니다. 머리를 깎으려면 조용히 머리나 깎지, 왜 저를 끌어들이는 겁니까?

가위를 깨끗이 잘 닦았느니, 그래도 기분이 안 좋다느니, 너희 아빠는 왜 가위로 코털을 깎는지 모르겠다느니, 그러지 말라고 그렇게 일렀는데 결국은 그 가위로 내 아름다운 머리를 자르게 됐다느니, 별의별 궁시렁이 다 쏟아져 나왔습니다. 둘이 아주 쿵짝이 착착 맞아 떨어졌습니다.

제가 뭐 할 말이 있겠습니까? 그저 제 콧구멍만 벌름거릴 뿐입니다. 그렇게 둘이 죽이 잘 맞는 것 같았지만 그건 잠깐이었습니다. 딸이 핀잔을 합니다.

"엄마, 머리 좀 흔들지 마. 머리 흔들면 가위질하는 사람이 얼마나 힘든지 알어?"

"야! 흔들어도 척척 깎을 줄 알아야지."

아내도 지지 않습니다.

"그럼 이대로 그만둘 거야."

"어라! 얘가 미용사가 아니라 조폭이잖아!"

"엄마, 조용히 좀 해. 머리 흔들면 쥐 파먹은 것처럼 된단 말이야."

"그럼 미용실 문 닫게 할 거다."

아무래도 딸아이 말이 맞는 것 같은데요.

저에게 시비를 걸다가 제 반응이 시큰둥하니까 이제는 둘이서 찧고 까불고 야단이 났습니다. 물론 아내는 가만히 앉아서 입만 중얼거렸습니다. 그래도 딸아이의 손은 계속 움직이고 있었습니다. 신세 지는 쪽이 큰소리치는 것은 아주 잘못이라는 생각이 들었습니다. 그래서 한마디 했습니다.

"어허, 공짜로 머리 손질해 주는데 말이 많구만, 말이 많아."

또 아내는 지지 않습니다.

"어허, 자기 딸이라고 편들고, 말이 많구만."

요즈음 아내의 말솜씨가 부쩍 늘었습니다. 예전에는 제가 뭐라고 하면 그런가 보다 했는데 요즈음은 영 딴판입니다. 다소곳함은 저리 가버렸습니다. 물론 저하고 20년 넘게 살아온 영향일 것입니다. 어느 때는 좀 썰렁하지만 유머를 사용하기도 하고요. 전에는 그런 거 전혀 못 하던 여자거든요. 제가 한마디 질렀습니다.

"야! 말 많으면 막 쥐어뜯어 놔라."

그때 아내는 시를 읊듯이 처량하게 말했습니다.

"딸은 내 머리를 쥐어뜯고 남편은 내 가슴을 쥐어뜯고."

캬! 기가 막힌 표현입니다. 많이 발전한 게 틀림없습니다. 아무래도 기분 좋은 말 한마디는 해야 했습니다.

"그래도 니 엄마, 저렇게 다소곳하게 앉아 있는 모습에 아빠가 반했거든, 그랬거든. 그러니 잘 좀 깎아 줘라."

딸아이는 시큰둥했습니다.

아내 입에서만 바람 새는 소리가 났습니다.

"큭큭!"

그날 드디어 딸과 엄마가 궁시렁거리던 일이 끝났습니다. 생각보다는 아내가 환해졌습니다. 어쩌면 인생이란 저렇게 궁시렁거리는 관계로 살아가는 것인지도 모를 일입니다. 서로 궁시렁거릴 수 있다는 거, 그거 꽤 괜찮은 일이란 생각이 듭니다.

시린 마음 호호 불며

1.

벌써 10여 년 전 일입니다. 하늘나라 가신 어머님 이야기입니다. 노인병원에 계신 게 더 편하신 모양입니다. 집에 계실 때 저에게 늘 미안해하셨습니다. 대소변 처리 때문입니다. 아들에게 신세진다는 게 그렇게 부담이 되셨나 봅니다. 뒤처리를 해드릴 때마다 혼자 중얼거리십니다.

"냄새는 왜 이렇게 지독한지 모르겠네."

때가 되어 식사를 갖다드리면 또 중얼거리십니다.

"이거 안 먹고 얼른 하늘나라 가야지."

어쩌다 제가 한마디 합니다.

"어렸을 땐 제가 엄마 신세 지고 살았고, 지금은 엄마가 내 신세 지고 사는 거예요."

그래도 소용이 없습니다. 노인병원을 방문하면 늘 그렇게 말씀하십니다.

"나, 잘 있어. 걱정하지 마. 바쁜데 얼른 가."

아이들하고 함께 뵈러 갈 때가 있습니다. 아이들이 할머니 앞에서 저를 놀리곤 합니다. 그래야 웃기라도 하십니다.

"할머니, 아빠 디게 못 생겼지? 그치?"

그럼 힘없던 어머님 눈에 힘이 콱 생깁니다. 화들짝 놀라 말씀하십니다.

"뭐여? 니 애비만큼만 생기라고 해라."

어머님 눈에 아들은 장동건 저리 가라입니다. 아이들이 또 한마디 합니다.

"할머니, 아빠 어렸을 때 할머니 속 많이 썩였지? 그렇지? 다 알아."

그럼 어머님은 또 기겁을 합니다.

"누가 그래? 그런 소리 하질 말어. 니 아빠 같은 모범생도 없어. 반만 좇아가, 이것아!"

아이들은 저를 보고 쿡 웃습니다. 저도 씩 웃고 맙니다. 세상에 부모 속 안 썩이고 크는 자녀가 어디 있겠습니까?

최근에 알았습니다. 어머님은 손 잡아드리는 걸 그렇게 좋아하십니다. 제가 어머님 손을 콱 잡으면 어머님도 없는 힘을 내십니다. 어머님 손에서 차가움이 전해 옵니다. 한마디 하십니다.

"손도 참 따뜻하네."

그래서 병원에 갈 때는 손이 차갑지 않게 조심합니다. 어머님은 이제 어쩌다 아들 손 잡아 보는 행복만 남겨 놓고 계십니다. 이제 그 어머님 손도 잡아 볼 수가 없습니다. 그저 생각으로만, 마음으로만 잡아 봅니다.

2.

피아노 조율사인 방 씨는 서둘러 일을 마무리했습니다. 아들 녀석이 금요일 저녁에 교회에서 특별한 모임이 있다며 꼭 와야 한다고 하도 성화여서 무슨 일인가 싶어 시간을 냈습니다. 학생 회에서 부모님들을 초청하는 모임인 줄 알았습니다. 썩 내키지 는 않았지만 아들 녀석이 졸라대니 큰마음 먹은 것입니다.

무슨 특별한 일이 있으리라고는 생각하지 못했습니다. 이런저 런 순서를 진행하는가 싶었는데 느닷없이 아들 녀석이 단상 위 로 뛰어 올라가는 것이었습니다.

'이크! 무슨 일이 있는가?'

순간 긴장되기 시작했습니다. 그런데 아들은 마이크를 붙들고 이렇게 외쳤습니다.

"아빠, 앞으로 나오세요."

방 씨는 어리둥절했습니다. 느닷없이 이게 무슨 영문인지 알도리가 없었습니다.

"얼른 나오세요."

아들이 소리쳤습니다. 할 수 없이 사람들 손에 떠밀려 엉거주춤 단상으로 올라갔습니다.

'이 녀석이 무슨 사고라도 치는 거 아닌가?'

별의별 생각으로 머릿속이 복잡해졌습니다. 그때 아들 녀석이 큰소리로 뭔가를 읽어 내려가기 시작했습니다.

"장한 아버지 상, 성함 방영길, 위 사람은 어려운 환경에도 불구하고 가족을 위해 온 힘과 정성을 다하셨습니다. 아무리 힘들어도 가족에게 내색하지 않으셨습니다. 항상 저희 가족의 바람막이가 되어 주셨습니다. 언젠가 제가 어른이 되면 꼭 닮고 싶은 분이 있는데 그분이 바로 아버지입니다. 감사의 말씀을 드리고 싶었지만 용기가 나지 않았습니다. 오늘 아버지의 사랑에 감사하며 상장과 함께 작은 선물을 드립니다. 늘 건강하십시오. 아버지를 존경하는 아들 올림."

아! 우레 같은 박수소리가 꿈결같이 황홀했습니다. 방 씨는 아들이 내민 상장과 선물을 어떻게 해야 할지 몰랐습니다. 그저 벅찬 가슴을 달래느라 애쓸 뿐입니다.

왜 그렇게 뜨거운 눈물이 솟구치는지. 뜨거운 국물이 그립듯이 뜨거운 심장이 그리워지는 계절입니다. 시린 손 호호 불며, 마음도 호호 불며!

감추어진 것이 아름답다면

벌써 10년 전 일입니다.

"나, 오늘 늦어요. 회식 있거든"

처음엔 안 그랬는데 요새 아내는 아주 당당합니다. 교사로 근무하는 중에 종종 회식이 있습니다. 제가 목회를 시작한 뒤 한동안은 회식이 있는 날 무척 미안해했습니다.

"어떻게 하지? 오늘 늦는데."

"어? 그래? 괜찮아."

그래 놓고도 아내 없이 아이들과 저녁 식사를 하려면 썰렁함을 감출 수 없었습니다. 주부 없는 저녁 식탁은 허전할 수밖에 없지요. 부엌에 있던 거 그냥 데워서 먹기도 하고 귀찮으면 라면으로 때우기 일쑤였습니다. 회식을 마치고 들어오는 아내는 문간에서부터 미안해하는 표정이 역력했습니다. 혼자만 좋은 거 먹고 왔다는 생각에서일 겁니다.

"와! 뭘 먹었기에 얼굴이 그리 환하냐?"

제가 슬쩍 농담을 걸지요. 그럼 펄펄 뜁니다. 맛도 없는 거 먹느라고 혼이 났다느니, 그걸 음식이라고 사먹는 게 아까웠다느니, 그저 집에서 자기가 만드는 게 최고라느니, 별의별 수다를 다 늘어놓습니다. 집에서 라면 끓여 먹은 가족들 보기에 미안스러웠기 때문이지요. 그 심정 왜 모르겠습니까?

그런데 요즈음은 당당합니다. 이제 이골이 났습니다. 며칠 전에도 그랬습니다.

"오늘 회식 있으니까 저녁 차려 먹어요."

이제 대답을 기다릴 것도 없었습니다. 하긴 저도 피장파장입니다.

"그래. 잘 먹고 잘 놀다 와."

그렇게 대답하고 저는 슬쩍 아이들 곁으로 갑니다. 그리고 속삭입니다.

"야, 엄마 회식 있대. 우리도 외식이다."

아이들이야 얼씨구나지요.

아빠, 삐졌지?

"그런데 엄마한테는 비밀이다. 알았지?"

손발이 척척 들어맞았습니다. 외식했다는 사실이 알려지면 또 복잡해질 테니까요. 저녁 6시가 가까워졌습니다.

"야, 서둘러. 엄마보다 일찍 들어가야 해."

마치 비밀 작전을 수행하는 군인들처럼 비장하고 신속한 행동으로 움직였습니다.

"뭘 먹을까? 얼른 결정해."

"갈비탕."

이렇게 메뉴가 금방 결정되는 것도 드문 일입니다.

"자, 일어나자. 서둘러."

이건 먹는 건지 집어 넣는 건지, 후다닥 해치우고 일어섰습니다. 벌써 7시였습니다.

"집에 불 켜 있나 확인해 봐."

다행히도 아내는 우리보다 한발 늦었습니다.

기가 막힌 성공입니다. 모두가 시치미를 뚝 뗐습니다. 제가 아내에게 또 한마디 했지요.

"뭘 먹었기에 그리 얼굴이 환해?"

"별거 아니에요. 두부 머시기 먹었는데 무슨 맛인지 알 수가 없어. 배만 부르고."

"배부른 거 보니 잘 먹었구만."

"아무 맛도 없었다니까."

우리는 속으로 실실 웃었습니다.

'우리는 갈비탕 먹었는데.'

싱크대 위엔 점심 때 먹은 그릇이 설거지도 하지 않은 그대로였습니다. 이것도 작전 중에 하나지요. 만약 설거지를 말끔히 해놓으면 "외식했지?" 하고 금방 치고 들어오거든요. 눈치가 빤합니다.

그런데 요상합니다. 이번에는 제 쪽에서 미안한 마음이 드는겁니다. 아내를 감쪽같이 속인 것이 마음에 걸립니다. 그래서 오늘 저녁엔 손 좀 비벼야겠습니다. 된장국 끓여 주어도 "아, 맛있다, 맛있다. 역시 당신이 해주는 게 사먹는 갈비탕보다 낫다" 하면서 속에도 없는 너스레를 떨 작정입니다.

감추어진 것은 언젠가 드러나지요. 감추어진 것이 아름답다면 그 인생은 정말 아름다운 인생일 것입니다. 감추어도 아름답고 드러나도 아름답다면? 캬! 그건 최상급 인생이 아닐까요?

입 속에 향기 솔솔

옳은 얘기지만 듣는 사람 입장에서는 기분 나쁠 때가 있습니다. 분명히 사실이고 사실을 사실이라고 하는데 그 말을 듣는 사람은 속상할 때가 있습니다.

언젠가 옷을 장만하려고 아내와 옷 가게를 찾았습니다. 기웃거리다가 어느 가게에 들어갔습니다. 점원이 반갑게 맞이해 주었습니다.

거기까지는 좋았습니다.

"누구 옷 찾으시는데요?"

점원은 제 아래위를 훑어보더니 이렇게 툭 내뱉었습니다.

"몸이 바짝 마르셨네요. 빼빼하신 분들은 이런 옷이 좋은데요."

그때 저도 모르게 점원 얼굴을 확 쨰려 봤습니다.

'뭐? 바짝 말랐다고? 그래서? 보태 준 거 있나?'

이런 생각이 쑥 올라왔습니다. 당시 제가 빼빼 마른 건 사실이었습니다. 그런데 사실을 사실이라고 말하는데도 기분이 유쾌하지 않았습니다. 한때 저는 몸무게가 53킬로그램을 넘어본 적이 없었습니다. 게다가 혈색도 좋지 않아서 만나는 이들마다 이런 인사가 다반사였습니다.

"어디 아파요?"

"아니요."

"안색이 좋지 않은데?"

그런 인사를 들으면 얼른 거울로 달려갔습니다.

'정말 내가 아픈 얼굴인가?'

그래도 그렇지, 그런 인사를 들으면 한동안 찜찜했습니다. 사실인데도 기분이 썩 좋지 않았습니다. 아내는 삐삐하다는 점원 얘기를 들었는지 못 들었는지 아랑곳하지 않고 이것저것 옷을 살피고 있었습니다. 그런데 그 눈치 없는 점원이 한마디 더 덧붙이는 것입니다.

"어깨도 좁으시네요. 아무래도 이런 옷이 어울릴 것 같은데."

'뭐어? 어깨가 좁다고?'

그때 제가 아내를 향해 소리를 질렀습니다.

"다른 곳으로 가."

아내는 영문도 모르고 따라 나왔습니다.

"아니, 왜 그래요?"

저는 아무 말도 하지 않았습니다. 바짝 말랐다고, 어깨가 좁다고 하는 말에 기분 나빠서 나왔다고 설명하기 싫었습니다. 다른 가게에서 금세 옷을 샀습니다. 저를 보던 점원이 생글거리면서 이렇게 말했습니다.

"아주 아담하시네요. 이게 잘 어울리시겠는데요?"

그 소리를 듣자마자 아내에게 말했지요.

"이거 좋아! 사."

어느 아버지가 아들이 가져온 통지표를 살피고 있었습니다. 통지표에 수우미양가로 성적을 기록하던 때였습니다. 아무리 훑어봐도 그저 '가, 가, 가'였습니다. 그런데 오직 하나 체육만 '양'이었습니다. 통지표를 훑어보던 아버지가 아들에게 넌지시 한마디 하셨습니다.

"얘야, 너무 체육 한 과목에만 치중하지 말거라."

정말 지혜로운 아버지입니다.

찌그러진 차를 그냥 끌고 다니는데 누가 "여기 찌그러졌네?" 하면 기분이 안 좋습니다. 작은 걸 작다고 하는 게 아닙니다. 큰 것을 크다고 하는 게 아닙니다. 뚱뚱한 걸 뚱뚱하다고 하는 게 아닙니다. 밥 많이 먹는 걸 보고 밥 많이 먹는다고 하는 게 아닙니다. 좀 돌려서 얘기하고, 좀 너그럽게 얘기하는 거, 그리고 상대방 기분을 배려하면서 말하는 거, 이것이 점수를 얻는 비결입니다. 괜스레 기분 좋게 하는 지혜입니다.

오늘은 입 속에서 솔솔 향기 나는 하루였으면 좋겠습니다.

헐?! 그건 무슨 뜻일까요?

2005년 무렵의 일입니다.

"엄마, 그 얘기 좀 해줘."

저녁 식사를 마치고 느긋한 시간입니다. 아이가 아내를 몰아
붙입니다.

"얘는? 그런 거 묻지 마."

"그러지 말고 얘기 해줘요. 27년이나 지난 얘긴데 뭐 어때?"

아내는 입을 열 기미를 보이지 않습니다. 그러나 아이는 집요
합니다.

"아니, 외할머니가 아빠하고 결혼하는 거 반대했다면서. 왜?
무슨 이유 때문에 반대하셨는데?"

저도 은근히 입맛이 당겼습니다.

'아니? 그런데 장모님이 반대하셨다고? 이건 처음 듣는 얘기인데?'

저도 모르는 얘기를 아이가 알고 있다는 게 좀 이상했지만 내색은 하지 않았습니다. 아내의 언니와 형부가 결혼을 극구 반대했다는 얘기는 어렴풋이 들은 기억이 있습니다. 제가 옆에서 응원할 필요를 느꼈습니다.

"다 지난 얘긴데 해봐. 괜찮아. 무슨 얘기를 해도 나는 상관없어."

아내는 예전에 연애할 때 주고받은 편지와 어디서 만났고 무슨 일이 있었고 하는 얘기를 꺼내는 게 질색입니다. 그런데 이번엔 입을 열기 시작했습니다. 변한 겁니다. 세월 때문이죠. 27년 만에 드디어 내막을 알게 되었습니다.

"외할머니가 왜 반대하셨는데?"

아내의 대답은 간단했습니다. 제가 비쩍 말라서 볼품없고, 그리고 외아들에다 가난하고, 시아버지 될 분이 고약해서 반대하셨다는 겁니다.

사실 그랬습니다. 27년 전 지금으로부터 35년 전 제 몸무게는 53킬로그램을 넘은 적이 없었습니다. 지금은 67킬로그램은 나갑니다만, 사람들은 저를 보면 어디 아프냐고 묻는 것이 인사처럼 되어 있었습니다. 그러니 장모님이 보실 때 마음이 내키지 않은 것이 당연하지요. 그런데 여기서 얘기가 끝난 게 아닙니다. 아이의 궁금증은 그 다음에 가 있었습니다.

"그러니까 외할머니가 반대한 결혼을 어떻게 극복했냐고요?"

듣고 보니 저도 몹시 궁금했습니다. 저는 한 번도 들어보지 못한 얘기라 바짝 귀를 세웠습니다. 이번에도 아내의 입은 잘도 열렸습니다.

"니 아빠가 프러포즈하더라!"

"뭐? 프러포즈?"

아이 눈이 똥그래졌습니다. 저는 속으로 깜짝 놀랐습니다. 전혀 기억나지 않는 일입니다.

'뭐? 내가 프러포즈를 했다고?'

"어느 날 니 아빠가 이러는 거야. '숙자 씨가 다른 사람과 결혼을 해도 내가 숙자 씨를 죽을 때까지 잊어버리는 건 하나님의 뜻이 아닙니다' 하는 거야. 그 말이 자꾸 생각나서, '이 남자 놓치면 안 되겠구나' 했지."

"뭐야? 뭐라고?"

아이는 배꼽을 잡고 웃어댔고 저는 기억에 없는 말이어서 어리벙벙했습니다.

"내가 그랬다고?"

"그래서 외할머니는 어떻게 설득했어?"

"만약 외할머니가 안 된다고 하신다면, 그럼 평생 독신으로 살겠다고 했지."

아내의 얼굴이 빨개졌습니다.

"으하하하, 웃긴다, 웃겨."

"두 번 다시 그런 거 묻지 마."

홍당무가 된 아내는 제 얼굴을 힐끔 한번 쳐다보긴 했습니다. 저도 씨익 웃어 줬지요. 도대체 제 입에서 나온 말을 저는 잊어버렸는데 아내는 생생하게 기억하고 있다는 게 신기했습니다. 여자니까요. 잊고 있었는데 꺼내 보면 재미있을 일도 더러 있으면 좋겠다는 생각을 했습니다. 그런데 아이가 한 번 더 입을 열었습니다.

"그럼 말이야, 만약 지금 엄마 딸한테 그 옛날 아빠같이 비쩍 마르고 볼품없는 남자가 나타났다? 시아버지 될 분은 고약하고, 그럼 허락할거야? 안 할거야?"

"야야, 이제 그런 얘기 그만 해."

아내는 손사래를 치며 방으로 들어가 버렸습니다.

헐!? 그런 얘기 그만 하라고요? 그건 무슨 뜻일까요? 가을은 깊어가는데 제 생각도 깊어갑니다.

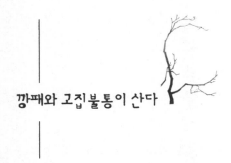

깡패와 고집불통이 산다

몇 달 전 일입니다. 영동에 갈 일이 있었습니다. 제가 승합차를 운전하고 있었고 뒷좌석에 여자 분들이 타고 있었습니다. 확실히 여자 분들이 타면 얘기가 끊이지 않습니다. 이런저런 얘기가 쉼 없이 오고 갑니다. 귀 기울여 들어보면 참 재미있습니다. 지루하지 않습니다. 남자 분들만 타고 있으면 조용합니다. 졸든지 아니면 바깥을 감상하든지 둘 중에 하나입니다. 입은 꾹 다물어져 있습니다. 누구하고 싸운 사람들 같습니다.

그러나 여자 분들은 다릅니다. 우선 대화 내용이 찬란합니다. 별의별 얘기가 다 흘러나옵니다. 더 재미있는 것은 화제가 이리 갔다 저리 갔다 확확 바뀌는 것입니다. 그런가 하면 그 좁은 차

안에서도 두 패, 아니 세 패로 나뉘어 다른 얘기를 나눌 때도 있습니다. 그런데 희한하게도 대화 내용이 서로 얽혀도 이 말 저 말 잘 알아듣습니다. 내 말 하면서 옆에서 하는 말 다 참견합니다. 참 신기해 보이기까지 합니다.

하여튼 한 시간을 타고 가는데 가을 들판처럼 얘깃거리가 풍성합니다. 정말 어느 순간 어떤 방향으로 어떤 얘기가 튈지 아무도 모릅니다. 운전하는 제가 긴장합니다. 음식 얘기하다 느닷없이 누군가 자녀들 얘기를 건드리면 그 얘기가 줄줄줄 흘러나옵니다. 그러다가 느닷없이 누군가 차창 밖 코스모스를 보고 "으와!" 하는 소리를 지르면 모두의 눈길이 그리 쏠려 버립니다.

영동에 갈 때도 마찬가지였습니다. 어느 분의 얘기가 제 귀에 쏙 들어왔습니다. 기가 막힌 얘기(?)입니다.

"여자들은 나이가 들면 깡패가 되는 것 같아요."

그 말을 들은 분들이 모두들 "크크크" 하셨습니다. 틀린 말은 아니라는 뜻이겠지요. 나이 들면 사나워지고 억세진다는 뜻이겠지요. 그 얘기를 듣는 순간 제가 그만 방정을 떨었습니다. 제 입에서 이런 말이 툭 튀어 나왔습니다.

"빙고!"

그리고 아차차 했습니다. 제가 운전하는 운전석 바로 뒤에 아내가 눈을 시퍼렇게 뜨고 앉아 있었으니까요. 이어서 그러면 남자들은 나이가 들면 뭐가 되느냐는 말이 나왔습니다.

결론은 "고집불통".

좀 상의하고, 이러면 어떨까 대화를 나누면 좋을 텐데, 그저 하던 대로, 자기 생각대로만 해버리는 고집불통이 된다는 것입니다. 그날 저는 속으로 정리했습니다.

'아하, 나이 들면 집안에는 점점 깡패와 고집불통이 사는 거구나.'

한쪽은 점점 사나워지고 한쪽은 점점 자기만 생각하고, 그러면 집안 분위기가 밝을 리가 없습니다. 그날 영동을 다녀오면서 참 귀중한 것을 깨달았습니다. 그리고 표어 하나를 만들었습니다.

"세월이 흐를수록 깡패 되지 말자. 고집불통 되지 말자."

이것이 가정을 화목하게 만드는 비결입니다.

문득 가을바람에 부드럽게 흔들리는 코스모스가 뭐라고 하는 것 같았습니다.

"깡패 되지 말고 고집 불통되지 말자!"

아빠, 삐졌지?

벌써 9년 전 일입니다. 둘째가 눈치를 챘습니다.

"아빠, 삐졌지?"

아무 말도 하지 않았지만 사실입니다. 제가 삐진 겁니다. 하루 종일 삐졌습니다.

제 말 좀 들어 보십시오. 삐지지 않게 되어 있는지? 며칠 전부터 아내 입에서 부산 가는 얘기가 나왔습니다. 부산 사는 친척 자녀 결혼식이 있다는 겁니다. 저희 집은 친척이 그리 많지 않습니다. 제 쪽으로는 아버님 고향이 이북이어서 말할 것도 없고 아내 쪽도 비슷합니다. 그러니 그냥 있을 수 없습니다.

"토요일이라 나는 못 가겠네."

저는 아무래도 무리입니다. 아내와 두 딸이 함께 가기로 한 모양입니다. 모두 방학이니까요. 그리고 금요일 저녁입니다.

"몇 시 기차표 끊었어?"

저는 당연히 기차로 갈 줄 알고 물었습니다.

"무슨 기차표?"

"내일 부산 가는 거?"

"큰 애 풍뎅이차로 갈 거예요."

"뭐? 그 풍뎅이차로 부산까지 간다고?"

제가 펄펄 뛰었습니다.

"셋이 부산까지 기차로 갔다 오려면 차비가 얼만데 기차로 가요?"

'그래도 그렇지! 다 찌그러진 풍뎅이차를 몰고 겁도 없이 부산까지 갔다 와? 이 여자가 정신이 있나 없나?'

제가 소리를 빽 질렀습니다.

"기차로 가요. 기차로 가."

그때부터 아내는 입을 다물어 버렸습니다.

아! 요즈음 아내가 달라졌습니다. 예전엔 아주 다소곳했습니다. 제가 뭐라 하든지 그대로 따르는 나비(?) 같은 심성을 가진 여인이었습니다. 그런데 언제부턴가 살살 달라지는 것 같더니 이제는 고집불통이 되고 만 겁니다. 이렇게 변해도 되는 겁니까? 이제는 수틀리면 무슨 말을 해도 꿈쩍도 않습니다. 이번 일도 마찬가지입니다. 부산까지 적어도 왕복 다섯 시간인데, 그것도 고속도로를 시속 100킬로미터 이상으로 달려야 하는데 날아갈 것 같은 풍뎅이차로요? 하이고!

토요일 아침입니다. 아이들은 설레는 모양입니다. 이 옷 저

옷 입어보고 거울 앞에서 야단입니다. 저는 속이 상해서 이불을 뒤집어썼습니다.

'아니, 그 차로 부산까지 갔다 온다고?'

드디어 아이들이 문을 열었습니다.

"아빠, 다녀올게요."

저는 이불 속에서 얼굴도 내밀지 않았지요.

"주무시는 모양이다."

아내는 제가 삐진 걸 알면서도 중얼거립니다. 하이고, 그게 더 얄밉습니다. 문 여닫는 소리가 들렸습니다. 그리고 지루한 하루가 흘렀습니다. 궁금했지만 삐졌던 자존심 때문에 전화도 걸 수가 없었습니다. 오후 늦게야 한 번 걸었습니다.

저녁 9시가 조금 넘어서야 돌아왔습니다. 잘 돌아왔으니 초조하고 상한 마음이야 스르르 녹아 버리기는 했습니다. 아내도 아이들도 실실 제 눈치를 살폈습니다. 그냥 한마디 했지요.

"잘 다녀왔네!"

말이 떨어지기 무섭게 둘째가 콕 쑤셔댔습니다.

"아빠! 하루 종일 삐졌었지?"

가면서 오면서 차 안에서 제가 삐진 것에 대해 이러쿵저러쿵 말이 많았던 모양입니다. 그리고 제가 언제까지 삐지고 있을 지내기를 했다나요? 참 고약합니다.

"차 많이 흔들렸지?"

"조금 흔들렸어요."

"그래도 기차보다 훨씬 싸게 갔다 온 거야."

아내가 빙글거리며 한마디 했습니다. 저 들으라는 소리입니다. 하루 종일 삐진 남편 옆구리 지르는 소리입니다.

삐지지 맙시다. 아니, 다른 사람 삐지게 하지 맙시다. 하하.

아내의 복수

"아빠, 배 나오네."

딸들이 잔소리합니다.

"이거 봐. 이거 내장 비만이야!"

"야야, 이 정도는 인격이야! 아직은 괜찮아."

그래도 막무가내입니다.

"아빠, 지금 배 힘 줬잖아."

딸들이 제 배를 꾹꾹 누르면서 확인합니다. 살짝 힘을 주긴 했습니다.

"뭘? 힘을 줬다고 그래? 이거 봐. 니들이 배 나온 사람을 못 봐서 그렇지. 아빠는 아직 괜찮아."

큰소리 탱탱 치지만 딸들 잔소리는 지치지 않습니다. 요즘은 뱃살을 꼬집기까지 합니다. 손에 잡히면 내장 비만인 거랍니다. 그건 안 좋답니다.

'정말 그런가?'

딸들 앞에서는 큰소리쳤지만 혼자 있을 때 슬쩍 뱃살을 집어 봅니다.

"빵을 너무 좋아하면 안 된다는데? 니네 아빠는 빵을 너무 좋아해."

아내가 한마디 거듭니다. 그런데 딸들이 빵을 사왔습니다. 종류도 여러 가지입니다. 유명한 집 빵이랍니다. 궁금합니다. 저녁을 덩덩하게 먹은 뒤로 더 이상은 무리입니다. 그래도 너무 궁금합니다. 슬쩍 한 개를 꺼내서 한입 물어뜯습니다. 맛만 볼 작정입니다. 기가 막힙니다. 빵 맛이 자꾸 유혹합니다. 다른 빵도 꺼내서 한입 물어뜯습니다. 그것도 그저 한입만 물어뜯었습니다. 맛만 봅니다.

또 궁금합니다. 그래서 봉지에 담긴 빵마다 한입씩 물어뜯은 후에야 봉지를 봉했습니다. 그런데 얼마 후 야단이 났습니다. 아이들이 빵 봉지를 열어 보다가 펄펄 야단이 났습니다.

"누구야? 빵을 물어뜯어 놓은 사람이 누구야?"

아내가 능글거리며 입을 엽니다.

"누구긴 누구겠냐? 너네 아빠지."

"우웩, 아빠. 정말 못 말려."

저는 똥 싼 강아지처럼 눈치를 살핍니다. 다시는 그러지 말아야겠다고 다짐합니다. 그러나 저도 저를 믿을 수가 없습니다. 배가 부른데, 빵 맛이 그렇게 궁금합니다.

며칠 후입니다. 아니, 아이들이 또 빵을 사왔습니다. 이번엔 냄새만 맡으려고 빵을 꺼냈습니다. 그런데 이상합니다.

'어라? 누구지?'

빵마다 한입씩 죄다 물어뜯어 놓았습니다. 이번엔 저는 아닙니다. 저는 빵을 처음 봤습니다.

'이상하다? 누가 그랬지?'

하지만 저는 상관하지 않습니다. 누가 물어뜯었어도 빵 맛이 변할 리가 없습니다.

그러고는 잊어 버렸습니다. 그런데 여럿이 차를 타고 영동을 가는데 범인을 알았습니다. 저는 운전하고 있었고 뒷좌석에는 아내와 다른 분들이 함께 타고 있었습니다. 어쩌다 남편 흉보는 이야기가 나왔고, 아내는 제가 빵을 한입씩 물어뜯는 고약한(?) 버릇이 있다고 폭로했습니다. 그리고 그게 얼마나 기분 상하는 일인지를 깨닫게 하려고 얼마 전에 아내도 빵을 죄다 한입씩 물어뜯은 적이 있다고 했습니다. 분명히 복수하기 위해서라고 덧붙였습니다. 차 안에 있는 분들이 한바탕 배꼽을 쥐고 웃었습니다.

아! 저는 처음 알았습니다. 아내가, 온순 성실한 아내가 복수하기 위해 빵마다 한입씩 물어뜯었다는 사실을! 이 연사, 한 마디 외치고 싶었습니다.

'우리 먹는 것 갖고 복수하지 맙시다! 그리고 사람을 외모로 취할 것은 아닙니다.'

그러나 그건 복수가 아닙니다. 제가 기분이 나쁘지 않았으니까요. 누가 물어뜯었든 상관하지 않습니다. 그래도 빵이나 밀가루 음식을 조심하기는 해야겠습니다. 딸들이 내장 비만이라고, 또 뱃살을 쿡쿡 찌를지도 모릅니다. 아내의 복수는 무섭지 않은데 딸들의 손가락은 신경이 쓰입니다. 그거 참 묘한 일입니다.

요즘은 바지를 입을 때마다 배를 쓰다듬습니다. 배 나왔다고

93
1부 _일상, 그 따뜻한 이야기

야단이고, 빵 물어뜯지 말라고 복수하고, 그러면서 한 지붕 아래
사는 게 가족입니다.

자기야, 사~랑~해!?

　광주에 사는 친구가 찾아왔습니다. 나이는 열 살 정도 아래지
만 허물없이 지내는 사이입니다. 체격이 아주 건장한 친구입니
다. 이런저런 얘기를 하다가 어깨가 좀 뻐근하다고 해서 엎드리
라고 했습니다.
　그때 제가 지압하는 법을 조금 배우고 있었습니다. 그 친구가
아주 순순히 방바닥에 엎드렸습니다. 워낙 몸이 좋지 않았던 모
양입니다. 으와! 그런데 이게 장난이 아닙니다. 체격이 좋아서
등판이 운동장만 했습니다. 보통 사람 두 배는 되어 보였습니다.
그저 섬긴다는 생각으로 여기저기 누르기 시작했습니다. 힘을
다해 눌렀습니다. 지압을 한다는 게 생각보다 힘이 많이 들어갑

니다. 손가락이 얼얼하지요. 더구나 저는 손가락 힘이 별로여서 온몸의 체중을 실어 애를 써야 했습니다. 한참을 했는데 아주 기분이 괜찮은 눈치입니다. 눈을 지그시 감고 있어요. 그런 모습을 보다가 제가 좀 심통이 났습니다. 한마디 물었습니다.

"시원해?"

"예!"

그리고 그만입니다. 아니 시원하면 "으으으, 시원하다" 그러면 어디가 덧날까요? 다시 물었습니다.

"시원해?"

"예!"

한마디뿐입니다. 아니? 어처구니가 없었습니다. 꼭 물어봐야 대답하는 그 심보는 뭘까요? 시원하면 시원하다고. "으와, 기분 좋습니다. 어깨가 확 풀리는 것 같습니다. 등판에 봄꽃이 피는 것 같습니다" 하면 얼마나 신이 날까요?

지압을 한참을 하다가 힘도 들고 심통이 더 사나워서 등판을 한 대 후려 갈겼습니다. 그리고 외쳤습니다.

"야, 시원하면 시원하다고 말 좀 해라. 말 좀 하면 어디가 덧나?"

며칠 전 결혼기념일을 앞두고 있었습니다. 따져 보니 벌써 35주년입니다. 오래도 살았습니다. 학교에 간 아내에게 문자를 보내려고 휴대폰을 꺼냈습니다.

'뭐라고 보낼까? 벌써 35주년? 수고했소!'

그건 너무 진부해 보였습니다. 그래서 충격적(?)인 문자를 생각해 냈습니다. 결혼 35년 만에 처음 해보는 말입니다. 나이 예순인 사람이 하기엔 아주 어색한 문자였습니다. 그래도 용기를 냈습니다.

"자기, 사랑해. ㅋㅋㅋ"

보내 놓고 기다렸습니다. 무척 궁금했습니다.

'뭐라고 답이 올까? 나도 사랑해? 자기야?'

그러나 그건 한바탕 꿈이었습니다.

드디어 휴대폰이 흔들렸습니다. 아내는 이렇게 적어 보냈습니다.

"표현이 완성이다. 실천도 잘하시네요."

하이고! 그리고 끝입니다. 내 그럴 줄 알았습니다. 아니, 그래도 말입니다. 남편이 "자기야, 사랑해?"를 35년 만에 한 번 했으면, "나도 사랑해"라고 맞장구라도 쳐줘야 하는 거 아닐까요?

누가 그랬습니다. 한 번은 어색한 강물에 몸을 적셔야 감동적인 표현을 할 수 있다고요. 우리 표현 좀 하고 삽시다. 좋으면 좋다, 으와 좋다, 반가우면 반갑다, 으와 반갑다, 우리 딸, 우리 아들, 사랑하는 가족에게 표현 좀 하고 삽시다.

오늘 다시 아내에게 문자를 보낼까 합니다.

"자기야! 나 지금도 자기 사랑해!"

뭐라고 답이 올는지, 아내가 어색한 강물을 건널 수 있을는지……

봄이 아름다운 건, 봄꽃으로 표현하기 때문이 아닐까요? 언제나 표현해야 완성입니다.

어? 어떤 놈이 장난하네

10여 년 전, 아내가 5학년 아이들을 담임할 때입니다. 아내를 옆에서 지켜보면 아이들을 가리키는 일에 꽤 소질이 있다는 생각이 듭니다.

언젠가 아내가 가르치는 아이들이 보낸 편지를 읽으며 감탄했습니다. 아이들의 글씨 모양이 신기하게도 아내의 글씨체를 빼다 박았기 때문입니다. 선생님의 글씨체까지 닮고 싶어 한다는 건 선생님을 이만저만 좋아하지 않고서는 힘든 일입니다.

저도 14년 동안 교직 생활을 했지만 그런 경험은 한 번도 없었으니까요.

아내는 한동안 컴퓨터 때문에 힘들어 했습니다 요즘도 마찬가지입니다. 교육 현장이 컴퓨터를 능숙하게 다루지 못하면 곤란해졌기 때문입니다. 웬만한 수업은 컴퓨터를 이용하여 이루어지는 모양이니까요. 학교 선생님들도 컴퓨터 없이는 아이들을 가르치기 어려운 시대가 된 거지요.

그런데 며칠 전 그놈의 컴퓨터 때문에 망신당한 사건이 벌어졌습니다. 요즈음 저희 교회 인터넷 카페에는 재미있는 이야기들이 가득합니다. 회원도 1년 만에 140여 명이 넘었고요.

아기 키우는 얘기, 남편 흉보는 얘기, 미주알고주알, 사람 사는 냄새가 물씬 거리는 얘기들이 많아서 저도 아예 중독이 되어 버렸습니다. 나갔다 들어오면 컴퓨터 앞에 앉게 되고 카페에 들르는 게 버릇이 되었습니다. 최근에는 한 가지 기술을 더 터득했습니다. 카페에 들르다 보면 함께 들어와 있는 분들을 볼 수 있습니다. 처음엔 얼른 나가 버렸는데 요즈음은 일대일 채팅으로 인사도 드리고 대화도 나누고 그러지요. 그거 꽤 편리하다는 생각을 하곤 합니다. 젊은이들에게는 일상생활이 된 일이지만 저에게는 신기하기만 합니다 지금은 카톡이 대세지만 10년 전엔 채팅이 대세였지요.

그런데 며칠 전입니다. 카페를 열었는데 '그냥'이라는 아이디가 떠 있었습니다.

'그냥? 어라? 이 사람이?'

아내의 아이디거든요. 반가웠지요. 잘 됐다 싶어 당장 채팅 창으로 들어갔지요. 그리고 이렇게 글을 적었습니다.

"정숙자 씨. 나야, 나."

"……."

"정숙자 씨, 나라니까? 나, 한용구 몰라?"

"……."

"잘한다. 한용구도 잊어 버렸구만."

대답이 없어서 마무리하고 말았는데 조금 후 요란스레 전화벨이 울렸습니다.

"아니, 오늘 망신당했어요. 망신. 나중에 가서 설명할게."

퇴근하는 아내는 씩씩거리며 말을 꺼냈지요.

이야기인즉 이렇습니다. 아내도 쉬는 시간에 카페에 잠깐 들른 모양입니다. 재미있는 글을 읽다가 수업이 시작되는 바람에 카페 화면을 밑에 임시로 내려놓고 그대로 수업을 한 겁니다. 하필 그때 제가 들어가서 채팅을 시작한 거지요. 그 내용이 컴퓨터 화면에 확 떠버린 겁니다. 그러니 아이들 눈이 우르르 쏠렸고, 올라온 글들을 읽으면서 가만있을 리 없지요. 아이들이 소리를 질렀답니다.

"선생님, 한용구 씨가 누구예요?"

화면을 보는 순간 아찔하더랍니다. 얼떨결에 그랬대요.

"어? 모르는 놈이야, 어떤 놈이 장난하네."

하이고! 그날 저는 졸지에 아내의 교실에서 '어떤 놈'이 되어버린 겁니다. 아내는 그 얘기를 하면서도 미안해하기는커녕 "키득 키득" 웃어댔습니다. 엄청 좋아했습니다.

오랜만에, 어쩌면 생전 처음으로 남편에게 욕을 해댔기 때문일까요? 속이 시원했기 때문일까요?

"그래, 좋겠다. 어떤 놈하고 살아서."

한마디 하고 덩달아 웃었습니다.

속으로라도 욕하지 말고 삽시다. 행복한 가정이 되시기를 소원합니다.

벽은 문이다

봄꽃 흐드러지게 피어 있던 날, 바람이 불면 풀풀 꽃잎이 날리던 날, 버릇처럼 서점에 들렀습니다. 책 한 권을 만지작거렸습니다. 두께가 주먹만큼 두툼하고 책값이 만 삼천 원이나 했습니다.

정호승 님의 《내 인생에 용기가 되어준 한마디》입니다.

'살까 말까? 책이 싱겁지는 않을까?'

그럼요. 책은 싱거운 책이 있고 짭조름한 책이 있습니다. 망설였습니다. 한 번 더 들추었는데 이 글귀가 눈에 확 들어왔습니다.

'벽은 문이다.'

'벽 속엔 문이 있다?'

'벽을 만지면 문이 된다?'

랜디 포시 교수의 글귀가 보였습니다. "벽이 있다는 것은 다 이유가 있다. 벽은 우리가 무언가를 얼마나 진정으로 원하는지 가르쳐 준다. 무언가를 간절히 바라지 않는 사람은 그 앞에 멈춰 서라는 뜻으로 벽은 있는 것이다."

그 글을 읽자 닉 부이치치라는 분이 생각났습니다. 그는 태어나면서부터 양팔과 양다리가 없는 사람입니다. 그의 인생은 처음부터 벽이었습니다. 숨도 쉴 수 없는 꽉 막힌 철벽을 지니고 태어났습니다.

학교를 다니면서부터 그 벽을 만지기 시작했습니다. 건강한 다른 아이들을 보면서, 그들이 자신을 비웃고 조롱하는 소리를 들으면서 그 까마득한 벽을 만지기 시작했습니다. 자신이 이상한 사람이란 사실을 깨닫기 시작했습니다. 그는 절망하고 또 절망했습니다. 그는 죽고 싶고 또 죽고 싶었습니다. 그의 벽은 한없이 높아 보였습니다.

'내가 존재할 가치가 있을까? 내가 이런 몸으로 무엇을 할 수 있을까?'

그는 까마득한 인생의 벽을 올려다보면서 가슴을 치고 인생을 포기하려 했습니다.

그런데 어느 날 그 벽 속에 작은 문 하나가 보이기 시작했습니다. 자신이 이런 모습으로 이 세상에 태어난 것도 무슨 뜻이 있다는 사실을 깨닫기 시작합니다. 이건 지진입니다. 벽이 문이 되는 지진입니다. 양팔과 양 다리가 없음에도 무슨 존재 이유가 있다는 사실을 깨달은 것입니다. 그는 공부도 하고 수영도 배우고 혼자 일어서는 법도 연습하며 피눈물 나는 훈련을 계속합니다.

이제 닉 부이치치는 전 세계를 다니면서 사람들을 울립니다.

사람들은 그의 강연을 들으면서, 그가 넘어졌다가 양팔과 다리도 없이 어떻게 일어서는지를 보면서 가슴 속에 지진이 일어나는 것을 느끼기 시작합니다. 양팔과 양다리가 성성한 사람들이 양팔과 양다리가 없는 닉 부이치치를 포옹하고 눈물을 펑펑 쏟습니다.

레나 마리아, 그녀도 비슷합니다. 양팔이 없고 양다리도 모양만 남았습니다. 그녀가 남아 있는 발가락으로 식사를 하고 운동을 하고 운전을 하는 모습을 보면 입이 벌어집니다. 그럼에도 그녀의 얼굴은 항상 빛이 납니다. 노래는 하늘의 소리를 닮았습니다. 그녀에게 이제 벽이 보이지 않습니다. 문이 보입니다.

벽이 있다는 것은 내가 무엇을 진심으로 원하는지를 깨닫게 하기 위함입니다. 벽을 만지고 또 만지면 문이 보이기 시작합니다. 문 없는 벽은 없습니다. 벽 속에 벽만 있는 게 아니란 사실을 수많은 이들이 웅변합니다.

오늘도 나는 어떤 벽을 만지고 있을까요? 그 벽을 사랑하고 만지다 보면 문이 보인다는 사실을 깨닫는다면 얼마나 좋을까요? 답답하고 꽉 막혔다는 생각이 들면 인터넷에 들어가 '닉 부이치치'를 쳐서 영상을 보고 '레나 마리아'를 쳐서 영상을 봅니다. 그러면 문이 보입니다.

저렇게 흐드러지게 핀 봄꽃들도 실은 겨울의 벽을 사랑했기 때문이 아닐까요? 그 아리고 시린 겨울 찬바람을 견디고 견딘 결과가 아닐까요?

결식아동 도시락 봉사 활동을 가는 길목에 있는 작은 카페를 보았습니다. 앞에 도종환 시인의 시가 적혀 있습니다.

담쟁이

도종환

저것은 벽
어쩔 수 엇는 벽이라고 우리가 느낄 때
그때
담쟁이는 말없이 그 벽을 오른다
물 한 방울 없고 씨앗 한 톨 살아남을 수 없는
저것은 절망의 벽이라고 말할 때
담쟁이는 서두르지 않고 앞으로 나아간다

한 뼘이라도 꼭 여럿이 함께 손을 잡고 올라간다

푸르게 절망을 다 덮을 때까지

바로 그 절망을 잡고 놓지 않는다

저것은 넘을 수 없는 벽이라고 고개를 떨구고 있을 때

담쟁이 잎 하나는 담쟁이 잎 수천 개를 이끌고

결국 그 벽을 넘는다.

오늘부터 내 앞에 버티고 있는 벽을 사랑하는 법을 배워야겠습니다. 그 벽이 문이 될 때까지! 그 벽을 만지고 그 벽을 넘는 법을 배워야겠습니다. 벽은 문입니다. 벽 속 어디엔가 문이 숨겨져 있습니다. 빙고!

스타킹 신고 사는 남자

꼭 10년 전 일입니다.

"올라가시지요."

수술실 조명은 눈같이 하얗게 보였습니다. 오십 평생에 처음 수술대 위에 엎드렸습니다. 월요일 오전 11시경 수술 준비를 마쳤습니다.

"수술이 처음이시지요?"

의사선생님이 허리께를 문지르더니 뭔가 콕 찌르는 것 같았습니다. 그리고 슬금슬금 아랫도리에 감각이 사라지기 시작했습니다. 20여 분이 흘렀을까? 아! 다리가 죽어 버렸습니다. 감각이 사라졌습니다. 슬그머니 엉덩이 쪽을 꼬집어 봤더니 그건 내 것이 아니었습니다. 무를 만지는 것처럼 느낌이 없었습니다. 그리고 1시간 여 동안 의사선생님은 뭔가를 잡아당기고 집어 넣기를 반복하다가, 중얼거리면 옆에 있던 간호사는 또 뭔가를 잽싸게 건네주고, 그때마다 다리가 닭다리처럼 흔들릴 뿐이었습니다.

"아프세요? 참지 마시고 말씀하세요."

"괜찮습니다."

대답은 그렇게 했지만 실은 눈물이 찔끔 나올 만큼 아프기도 했습니다. 그러나 꾹 참았습니다. 그분들이 제가 목사란 사실을 알고 있기 때문입니다.

작년부터 오른쪽 종아리 쪽에 핏줄이 불거져 나오기 시작했습니다. 처음엔 이상하다 했지요. 그런데 앉았다 일어서면 뜨끔거리기 시작했습니다. 알아보니 정맥류라는 것인데 비정상적인 혈액 순환으로 혈관이 늘어지는 질환이었습니다. 며칠을 망설였지요. 수술을 해야 하나 말아야 하나? 수술비도 그렇고 2~3일은 입원해야 할 것 같고. 그러다가 결심했지요.

아내는 직장에 나가니 어쩔 수 없고 대신 아이들이 따라왔습니다.

"아빠, 걱정 마. 우리가 있잖아."

말만 들어도 흐뭇했습니다.

"끝났습니다. 수고하셨습니다."

그 순간 긴장이 탁 풀렸습니다. 입원실로 옮겨진 후에도 아랫도리는 두어 시간 정도 얼얼했습니다. 뭘 매달아 놓은 것 같았습니다. 그때 아픈 것보다 더 힘든 건 배고픔이었습니다. 수술 시간이 늦어져서 꼬박 하루를 금식한 꼴이 되었거든요. 눈알이 해롱거렸습니다. 식사가 나올 때까지 뱃속이 요동을 치는 것 같았습니다.

"야, 초콜릿 좀 사와라."

하이고, 그렇게 맛난 초콜릿 먹어 보는 것도 오랜만이었지요.

아내는 오후에 허둥지둥 달려 왔습니다. 집에서 오줌통을 두 개나 가져왔습니다. 처음엔 그거 뭐 하러 가져왔느냐고 핀잔을 했는데, 그거 없었으면 고생을 바가지로 할 뻔했습니다. 오밤중에 거시기가 왜 그렇게 자주 나오는지, 그득그득 잘도 써먹었습니다.

처음 계획으로는 하루 정도만 입원할 생각이었는데 걷기가 힘들었습니다.

"강력 스타킹을 신고 다니셔야 하는데요."

"예? 의사선생님이 신으라면 신어야지요."

핏줄이 다시 튀어나오지 않도록 몇 달 동안은 강력 스타킹을 신는 불편을 감수해야 한다는 겁니다. 아, 처음 알았습니다. 스타킹 신고 사는 일이 얼마나 힘든지를, 그리고 길 가던 여자 분들이 두리번거리다가 아무도 눈치 채지 못하게 슬그머니 스타킹 잡아당기는 이유를, 제가 요즘 길 가다가 그 짓을 한다니까요.

양쪽 다리는 욱조여 오는데, 스타킹 신은 다리를 쳐다보던 아내가 한마디 했습니다.

"다리 늘씬해지겠네. 나중에 나한테 넘겨요."

"아니? 엄마보다야 딸들이 먼저지."

수요일 오전에 퇴원했습니다.

지금 이 글도 스타킹을 신고 쓰는 중입니다. 혹시 길 가다가 아랫도리 바지를 긁적거리는 남자를 보시거든 잠시 외면해 주십시오. 흘러내려간 스타킹을 잡아올리는 중이니까요.

인생은 어쩌면 고치면서 사는 게 아닐까요? 고쳐서 재활용되는 인생, 그럼 더 오래 쓸 수 있을지 모르지요. 튼튼한 하루가 되시기를.

때 빼고 광내고, 이대로 으와!

어쩌다 몸이 좀 해롱해롱하는 기미가 보이면 유성온천을 찾습니다. 대전에 산다는 특권 중에 하나가 아닐까요? 일부러 버스 대절하고 온천을 즐기러 오는 사람들도 많은데 여기 사는 사람들이야 조금만 시간을 내면 코앞에 온천이 있으니까요. 이건 축복이지요. 등잔 밑이 어둡다고, 너무 가까워서 시시하게 여기는 경향도 있지만요.

온천을 즐기다 보면 픽 웃음 나오는 일을 만나곤 합니다. 어느 분은 물속에 있다가 갑자기 튀어나와서 두 손을 바짝 쥐고는 바닥을 노려봅니다. 그러고는 막대기 휘두르는 시늉을 하지요. 마치 공이 멀리 날아가는 것이 보이기라도 하듯이 시선을 공중에 두지요. 아마도 최근 골프에 푹 빠진 분인 모양입니다. 속으로는 "굿 샷"이라고 외치는 것 같기도 합니다. 그 모습이 웃음 나오게 하는 것은, 알몸으로 그 짓을 하고 있으니, 그것도 힘을 다하여 두 손을 흔들고 있으니 그때마다 온 몸에 달린 것들이 죄다 흔들리기 때문이지요. 얼마나 골프에 푹 빠졌으면 저럴까 생각하면 물속에서도 웃음이 나오지요.

요즈음은 서너 살 됨직한 아이들을 데리고 오는 아빠들이 많습니다. 그런 경우에는 한바탕 소동이 벌어집니다. 아이들과 들어온 분들은 벌써 표정부터 다릅니다. 사명감으로 충만합니다. 부인으로부터 특명을 받은 것이 확실합니다. 처음부터 자기 때빼는 것엔 관심이 없습니다. 먼저 아이들을 윽박지릅니다. 뜨거운 탕 속에 집어 넣으려는 온갖 노력을 아끼지 않지요. 그래야

때 빼기기가 쉬울 테니까요.

"들어와 봐. 안 뜨거워. 아빠 봐!"

그러나 대부분 아이들은 어림도 없습니다. 벌써 여러 차례 당한 경험이 있는 게 틀림없습니다. 마냥 기다릴 수 없는 아빠들은 완력을 동원합니다. 최대한 사랑스러운 눈길을 주면서 끌어안고 논개(?)처럼 탕 속으로 들어갑니다. 아이는 기겁을 하지요. "살려 줘, 나 죽어. 아이고, 아빠가 나 잡네" 하는 아이도 있었습니다. 그러나 소용없지요. 그냥 나갔다가는 애 엄마한테 무슨 타박을 당할지 모르니까요. 겨우 아이를 뜨거운 물속에 넣고 나서 팅팅 불면 이때부터 그 유명한 이태리 타올을 집어 듭니다.

인정사정없지요. 온몸이 벌게지도록 문지르지요. 아이의 눈을 보면 완전 포기 상태입니다. 아이들 수난은 거기서 끝나지 않습니다. 마무리로 머리에 비누칠을 합니다. 그러면 그 놈의 비누가 꼭 눈에 들어가거든요. 아이는 눈 따갑다고 팔딱거리고 아빠는 조금만 참으라고 등짝 철썩거리고, 그런데 희한한 게 있습니다.

한바탕 전쟁(?)을 치르고서도 밖에 나와 음료수 하나 빼주면 아이는 헤헤 잘도 빨아먹지요.

"아빠, 아빠도 한번 먹어"라고 하면서요. 그래서 아빠와 아들일까요? 아빠의 얼굴에 흐뭇함이 가득하지요.

예전엔 아이들이 여탕으로 많이 들어갔는데 요즘은 달라졌습니다. 언젠가 친구가 아주 조용한 온천탕이 있다고 해서 끌려갔지요. 정말 그 넓은 목욕탕 안에 친구와 저 둘밖에 없었습니다. 거참 희한하다 생각하고 물속에 몸을 담그고 "으흐, 좋다!" 하고 있었습니다.

그런데 갑자기 소란스러워지더니 서너 명이 들어오는데 "이크!" 그 말로만 듣던 조폭 행님(?)들이었습니다. 떡쇠 같은 우람한 육체에 용이 휘감아 돌고 있고, 걸어 들어오는 폼부터 달랐습니다.

친구와 저는 물속에서 코만 내놓고 눈을 감았습니다. 그게 상책이었습니다. 그러나 그 다음에 더 황당한 일을 당했지요. 그 행님(?)들, 몸에 물 좀 뿌리는 것 같더니 탕 속에 들어오는데 그냥 평범하게 들어오는 게 아니었습니다. 마치 다이빙을 하듯이 그 엄청난 몸을 물속에 냅다 던지는데 저는 코끝까지 몸 담그고 눈감고 있다가 그만 꼴깍 물을 마시고 말았습니다. 하이고, 그렇다고 뭐라고 할 수가 있습니까? 한 번 쩨려 볼 수가 있겠습니까? 그냥 아무 일도 없다는 듯, 팅팅 불어 버린 몸에 묻은 물기 대충 훔쳐내고 슬그머니 나와 버렸지요.

아! 그래도 때 빼고 광내면 후련하지요. 계절도 때 빼고 광내고 있으니까요. 가는 곳마다 봄꽃이 흐드러지게 피어 있네요. 요즘은 그저 감탄만 하지요. "으와, 좋다!" 봄꽃을 흉내 내면 봄꽃을 닮아 가는 거 아닐까요!

39년 전 일기장

손발이 오글거려서 혼났습니다. 이사하고 이것저것 정리하는데 낡은 일기장이 눈에 띄었습니다. 표지를 들추었습니다.

'1975년?'

자그마치 지금부터 39년 전 일기장입니다. 제가 스물두 살 때입니다. 공주에서 대학 다닐 때 썼던 일기들입니다. 내용이 가관입니다. 혼자 읽는데도 오글오글, 정말 이랬나 싶습니다.

일기를 쓰게 된 이유가 풀풀 떠오릅니다. 어느 여학생을 좋아했습니다. 눈이 홱가닥 돌아가 버렸습니다. 속으로만 끙끙 앓았습니다. 졸업은 다가오고 야단났습니다. 이대로 헤어지면 가슴에 멍 든 채 끝날 판입니다. 어느 날 용기를 내서 고백했습니다.

"날마다 그대, 노랑머리가 생각이 납니다."

아주 어정쩡하게 표현했습니다. 그때의 연애란 지금 같지 않아서 화끈하지 못했습니다. 손 잡을 엄두도 못 냈습니다. '자기'라는 말도 없었습니다. 그런데 돌아온 대답이 이랬습니다.

"용구 씨를 좋은 친구로만 생각하는데요."

정말 젖 먹던 힘까지 동원해서 사랑 고백을 했는데 청천벽력입니다. 가슴이 무너졌습니다. 요즘 유행가인 이 노래 가사가 딱인 심정입니다.

'총 맞은 것처럼 정신이 너무 없어 웃음이 나왔어 웃음이 나왔어 구멍 난 가슴에 추억이 흘러 넘쳐……'

그래서 총 맞은 것처럼 일기를 쓰기 시작했던 것 같습니다. 그리고 39년 만에 읽으니 연탄불에 올려놓은 오징어처럼 손발이 오글거립니다.

-1975년 11월 8일

사랑은 참 슬픈 일이다. 더구나 첫 사랑이 어그러졌을 때 누가 무엇으로 달래 줄 것인가? 나는 11월의 아픔을 앓는다. 아!

아빠, 삐졌지?

아프다.

　나는 사랑으로 그녀를 보아 왔는데 그녀는 나를 친구라고 부른단다. 이런!

　-1975년 11월 10일

　나는 소리 없이 웃으며 울고 있다. 낙엽이 떨어지는데, 그래서 가슴은 더 아픈데 그녀는 아무렇지도 않게 웃고 있다.

　아! 잔인한 가을이여!

　-1975년 12월 1일

　어젯밤, 그녀가 이렇게 말했다.

　"한용구라는 이름이 참 좋다."

　아니, 이건 무슨 황당한 이야기란 말인가? 그럼 마음이 있단 말인가? 없단 말인가?

　그녀는 명랑하게 얘기도 잘 한다. 그럴수록 나는 더 우울해진다. 애가 탄다.

　"나는 결혼은 생각이 없습니다."

　하이고! 환장하겠네. 밀고 당기기 고수였나?

-1975년 12월 5일

새벽 5시 20분, 눈이 내린다. 눈이 쌓인다.

고무신을 뚫고 들어오는 싸늘한 찬 기운이 엄지발가락부터 차츰 무디어지게 한다.

가볼까? 불쑥 생각이 난다. 발걸음을 옮긴다.

다들 잠든 조용한 새벽에, 나 혼자 눈을 맞으며, 눈을 밟으며 눈 속을 눈과 같이 걸어서 그녀 집 문 앞까지 간다.

어라? 문이 열려 있군. 환하게 방이 다 보인다.

어제부터 내릴까 말까 하다가 내리는 눈처럼 그녀를 부를까 말까 망설이다 이름을 부른다.

그녀 이름을 부른다.

눈이 와서 너무 고요한데, 그녀는 못 듣는다.

누워서 책 읽는 모습을 훔쳐본다.

세 번을 불렀다. 나, 용구요! 나, 용구요! 나, 용구요!

나를 알아보지 못하는 그녀가 얄밉다.

나, 용구요. 마지막으로 해 놓고 돌아선다.

발가락이 너무 시리다. 하숙집으로 돌아와서 의자와 기타를 들고 마당으로 나선다. 미쳤다.

이 새벽에, 이 추위에, 그리워, 그리워.

사랑은 왜 이리도 피곤한가? 포기할까?

눈 감으면 그녀의 모습이 보이고, 눈 뜨면 눈 내리는 모습이 보인다.

아, 눈 감아야 하나, 눈 떠야 하나? 미쳤다.

-1975년 2월 15일

대전에서 그녀와 〈삼손과 들릴라〉 영화를 봤다.

이 영화, 당시 가장 야시시한 영화였고 저는 엉큼했습니다. 고백합니다.
사랑에 눈이 멀어, 흑흑!

그리고 걸었다. 대전역에서 유성 근처까지만.

사실은 동학사까지 걷고 싶었다.

그리고 웬일인지 일기가 거기서 끝났습니다.

아! 봄입니다. 정신 차리겠습니다!

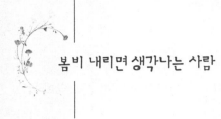

봄비 내리면 생각나는 사람

아닙니다. 우선 생각나는 것은 어느 뒷골목입니다. 사람보다
는 그 분위기가 생각납니다. 그날도 봄비가 부슬거리고 있었습
니다. 차가웠습니다. 아니, 마음이 차가웠습니다. 고등학교 시절
입니다. 가물거립니다. 어느 여학생을 짝사랑했습니다.

'눈을 떠도 생각나고 눈을 감아도 생각나고.'

이걸 어쩌란 말입니까? 나도 나를 어찌할 수 없었습니다. 내
가 내 말을 듣지 않았습니다. 그러니 공부는 뒷전이었습니다. 혼
자 끙끙 앓았습니다.

그러다가 기가 막힌 사실을 알아냈습니다. 영환이라는 단짝 친
구가 있었는데, 그 녀석 누나가 제가 짝사랑하던 그 여자애와 아
주 친한 언니 동생 사이라는 사실입니다. 으와! 지금도 그때의 황
홀함이 생각납니다. 영환이를 구워삶기 시작했습니다. 영환이는
참 착했습니다. 제 말을 잘 들었습니다. 그렇다고 제가 무슨 완력
으로 한 것은 아닙니다. 오히려 영환이가 체격이 더 좋았습니다.

"영환아! 내 소원 좀 들어줘라. 네 누나가 그 여자애 집에 놀
러가거든, 앨범 보는 척하면서 그 여자 애 사진 좀 한 장 슬쩍 해

오라고 해라."

"뭐? 사진을 슬쩍 해 오라고?"

"그래 인마, 네 친구의 소원이다."

영환이도 제가 그 여자애를 짝사랑하고 있다는 사실을 다 알고 있었습니다. 영환이는 지금 생각해도 참 착했습니다.

"그래, 그러지 뭐."

하! 힘도 들이지 않고 대답을 했습니다. 그리고 말입니다. 며칠 후에 영환이는 제 손에 그 여자애가 배시시 웃고 있는 사진 한 장을 넘겨주었습니다. 물론 그 대가로 제가 떡볶이를 한 사발 사 주었습니다. 이게 친구입니다!

저는 그 여자애 사진을 지갑에 넣고 시도 때도 없이 들여다봤습니다. 사진을 들여다볼 때마다 온몸에 전류가 흐르는 듯했습니다.

그런데 말입니다. 어느 날 흉흉한 소문이 돌았습니다. 정말 하늘이 무너지는 소문입니다. 그 여자애가, 제 품속에 넣고 다니던 그 사진의 주인공이 학교를 그만두었다는 겁니다. 왜냐? 어떤 녀석하고 눈이 맞아서 사귀다가 어찌어찌 돼서 사라져버렸다는 겁니다. 아! 하늘이 무너져도 그렇게 아플 수 있을까요?

영환이에게 자세한 소식을 듣고 마음을 접기로 했습니다. 문제는 품속에 넣고 다니던 사진을 어떻게 처리하느냐 하는 것이었습니다. 영환이는 어느 뒷골목으로 저를 끌고 갔습니다.

"야, 찢어 버려. 이제 잊어 버려."

그날도 오늘처럼, 봄비가 처량하게 차갑게 부슬거리고 있었습니다.

"알았어."

저는 비장한 마음으로 품속에 있던 사진을 꺼냈고, 주춤거리다가 몇 조각을 냈습니다. 가슴이 저려왔습니다. 도랑물 위에 던져 버렸습니다.

아! 그 여자애는 그렇게 저를 떠나가 버렸습니다. 한바탕 꿈이 지나가고 대학에 들어갔습니다.

그런데 거기서 또 한 여학생을 만났습니다. 눈을 감아도 보이고 눈을 떠도 보이고, 하라는 공부는 하지 않고 마음을 홀랑 뺏겨 버렸습니다. 여름방학 때 수십 명이 함께 농촌봉사활동을 갔는데, 그때 찍은 사진을 몽땅 찾았습니다. 그 여학생이 나오는 사진은 죄다 찾았습니다. 물론 몰래, 아무도 몰래요. 흐흐! 그리고 그 사진을 뒤적거리며 히히거렸습니다.

30년 더 세월이 흘렀어도 집안 어디에 그 사진이 남아 있을 겁니다. 그러나 궁금하지 않습니다. 그 까닭은? 사진 속에서 튀어 나온 그 여인이 수시로 제 눈앞에 왔다 갔다 하기 때문입니다. 어제가 분리수거하는 날이었는데요. 그 여인이 저에게 소리를 질렀습니다.

"신문하고 종이 내다 놔야 해욧!"

"예, 예"

이제는 그러고 삽니다 또 혼나겠다!.

그러려니 하자, 그러려니 해

큰아이가 고등학교 3학년 때입니다. 야간자율학습이 끝날 때마다 제가 데리러 갔습니다. 그때 그 길이 아주 좁은 왕복 2차선이었습니다. 게다가 한쪽은 공사 중이었습니다. 차 두 대가 지나가기엔 답답한 길이었습니다.

공부에 지친 아이를 태우고 운전을 하는데 느닷없이 뒤에서 차 한 대가 빵빵 하더니 확 앞질러 가는 겁니다. 접촉 사고 날 뻔했습니다. 그때 속에서 욱하고 뭐가 올라왔습니다.

'아니? 저런 사람이 어딨어? 이렇게 좁은 길에서, 저걸 그냥! 확!'

그러고는 차를 몰았습니다. 욱해서 뒤를 쫓아갈 생각이었습니다. 뒤에서 졸던 아이가 무슨 영문인지 모르고 눈을 떴습니다.

"아빠, 왜 그래? 천천히 가."

저는 대꾸도 하지 않았습니다. 그때 제가 운전하던 차가 덜덜거리던 봉고차였습니다. 그러니 잽싸게 내달리던 그 차를 쫓기에는 역부족이었지요.

"아빠, 그냥 내비 둬."

뭐 내버려 두고 말고 할 것도 없었습니다. 그 차는 메롱 하면서 사라져 버렸으니까요.

언젠가는 옆에서 달리던 차에게 양보했습니다. 그랬더니 뒤에서 오던 차가 불을 번쩍번쩍거리며 달려왔습니다. 이렇게 복잡한 곳에서 왜 양보하느냐? 이 멍청아! 그러는 것 같았습니다. 그리고 옆으로 지나가면서 창문을 확 내리더니 눈을 부라리면서 확 쩨려 봤습니다.

그때마다 중얼거립니다.

"그러려니 하자. 너 그러려니 해!"

제가 저에게 명령합니다.

이런 걸 '도로 위의 분노'라고 이름 붙이는 모양입니다. 운전하다 자기 마음에 들지 않으면 불을 번쩍거리거나 창문을 내리고 뭐라고 욕을 하거나 중얼거리는 일이 다반사입니다. 상대방이 자기 차를 추월했다고, 끼어들기를 방해했다고, 나를 보고 욕을 했다고, 좁은 길에서 양보해 주지 않았다고, 욱해서 싸우기도 하고 끔찍한 일도 저지르는 모양입니다.

도로 위에서 분노를 만날 때 피하기 위한 10계명이 있답니다.

1. 절대로 보복 운전하지 말라.
2. 화가 난 운전자와 눈을 마주치지 말라.
3. 화가 난 운전자의 말과 행동에 상대하지 말라.
4. 상대 운전자에게 공손하고 침착하게 행동하라.
5. 짜증나는 일이 생기면 1에서 10까지 세어라.
6. 화내는 운전자와 상대하지 말고 차량 번호를 적어서 경찰에 신고하라.
7. 운전 중 쓸데없는 걱정은 접어라.
8. 운전 중 음악을 들으며 스트레스를 풀어라.
9. 다른 운전자의 운전 습관을 바꾸려 들지 말라. 자신의 운전 습관도 고치기 힘들다는 걸 명심하라.

10. 영원히 도착하지 못하는 것보다 조금 늦게 도착하는 것이
    훨씬 낫다는 것을 항상 명심하라.

정말입니다. 욱하다가 망칩니다. 얼마 전 일입니다. 아파트 들어가는 입구는 좁습니다. 두 사람이 그냥 지나칠 수가 없습니다. 저쪽에서 아주 건강한 여자 분이 걸어오는 게 보였습니다. 그냥 지나가면 둘이 딱 마주쳐 버리는 사건이 일어날 수 있습니다. 그래서 약간 비켜섰습니다. 그러면 그분도 약간 비켜서야 서로 부딪히지 않고 지나갈 수 있습니다. 저는 그럴 줄 알았습니다. 그런데 그분은 오던 그대로 휙 지나가 버렸습니다. 그 바람에 제 가녀린 어깨를 툭 치고 지나갔습니다. 움찔하다가 뒤를 확 쩨려봤습니다.

'아니, 저 사람이?'

뭔가 속에서 욱하고 올라왔습니다. 그때 제가 저에게 명령했습니다.

'그러려니 해라. 그러려니 해.'

12년 동안 주택에 살다가 아파트로 이사 오니 여러 가지로 좋습니다. 그런데 한 가지 불편한 것은 거실을 걸어 다닐 때 고양이 걸음을 하는 것입니다. 혹시 아래층에 울리지 않을까 해서입

니다. 함께 산다는 것은 훨씬 세심한 양보와 배려가 필요하다는 생각을 합니다.

그래도 그러려니 할 것이 많은 세상입니다.

펑펑 울었습니다

실은 울지 않으려고 애를 썼습니다.

'남자가 울어? 안 되지!'

그런 잠재의식 때문인지도 모를 일입니다. 게다가 옆자리엔 딸들과 아내가 함께 앉아 있었습니다.

'뭐, 뻔한 스토리인데……'

그런데 이게 웬일입니까? 눈물샘이 내 말을 듣지 않았습니다. 그래도 컴컴해서 다행이었습니다.

명절 다음 날, 아이들이 재촉했습니다.

"아빠, 영화 보러 가자."

"그래, 그럴까?"

처음엔 시큰둥했습니다. 일 년에 잘해야 한두 번 갈까 말까 하니까요. 구세대지요. 사운드가 심장을 쾅쾅 때리는 것도 별로고 암흑 속에서 두어 시간 버티고 있는 것도 별로였습니다. 저 같은 사람만 있으면 영화관 밥 벌어 먹기는 다 틀렸습니다. 그런데 명절 다음 날이고 마음이 헐렁해져서 그러자고 했습니다.

"제목이 뭔데?"

"7번 방의 선물!"

인터넷에서 찾아봤더니 주인공 아빠 이름이 '용구'였습니다. 친근감이 갔습니다. 제가 그랬습니다.

"아! 용구가 용구 이야기 보러 가네?"

그런데 영화관 좌석은 이미 꽉 차 있었습니다. 아이들이 미리 예약을 해놔서 다행입니다. 그런데 이게 장난이 아니었습니다. 스토리는 뻔합니다. 그런데 눈물이 자꾸 흘러내리는 것은 무슨 이유 때문일까요?

아빠 용구는 지능이 여섯 살, 바보 아빠입니다. 딸 예승이는 일곱 살, 똑 부러집니다. 둘이 살아갑니다. 아빠는 살아가는 이유가 딸이고 딸도 마찬가지입니다. 다만 바보인 아빠가 너무 안쓰러웠습니다. 아빠 용구가 누명을 쓰고 감옥에 갑니다. 세상은 종종 약자를 조롱할 때가 있습니다. 그 감방이 7번 방입니다. 그 곳엔 평생 죄만 짓던 사람들이 갇혀 있습니다. 살벌합니다. 그러데 바보 아빠의 딸 바보 사랑이 감방을 정복해갑니다.

7번 방 패밀리들이 딸을 그리워하는 바보 아빠의 소원을 들어주기 위해 황당한 일을 꾸밉니다. 딸 예승이를 상자 속에 넣어 감옥으로 데려 옵니다. 그건 특별한 선물이었습니다.

실은 말도 안 되는 이야기입니다. 가능하지 않은 내용입니다. 그런데 그게 사람을 울립니다. 예승이가 7번 방에 숨겨져 들어오면서 죄수들의 눈빛이 달라집니다. 아슬아슬한 위기를 넘기며 딸과 아빠의 극진한 사랑을 느낍니다. 죄수들의 마음이 따뜻해지고 얼굴이 변합니다. '이게 사람 사는 이유구나' 느낍니다.

하이고, 저도 모르겠습니다. 왜 그렇게 눈물샘이 터지는지, 뒷좌석에서 훌쩍거리는 소리가 들립니다. 옆에 앉아 있던 아내는 물론 딸아이들도 계속 눈물을 훔칩니다. 어떤 관객은 아예 흐느낍니다.

영화가 끝난 다음에 들은 이야기입니다만, 어떤 아주머니는 참다 참다 마지막 자막이 끝난 다음에 "으아앙"하고 통곡을 했다고도 합니다.

바보 아빠를 사랑하는 딸 예승이의 순진무구한 눈빛과 마음이 스며듭니다. 정신지체 장애인이지만 딸을 사랑하는 마음은 누구 못지않은 '용구'의 절절한 심정이 흘러넘칩니다. 영화의 마지막은 슬펐습니다. 바보 아빠는 누명을 벗지 못합니다. 재판은 엉터리로 진행되고, 정신지체의 약점을 이용한 사람들의 의도대로 결국 예승이 아빠는 세상과 이별을 합니다.

그렇게 두 시간이 홀렁 지나가 버렸습니다. 영화가 끝나고 관객들이 다 나갈 때까지 저는 그대로 앉아 있었습니다.

'이게 뭘까?'

결론은 사랑입니다. 따뜻한 사랑입니다. 7번 방 죄수들의 마음을 녹인 것도 사랑입니다. 그들을 그렇게 순수하게 만든 것도 사랑입니다. 그 영화를 보면서 눈물을 쏟은 이유도 순수한 사랑 때문입니다. 바보 같은 사랑입니다.

'동화 같은 이야기가 통하겠느냐?'

그 영화를 만든 감독은 별로 기대하지 않았다고 합니다. 그러나 사람들은 따뜻함에 목말라하고 있었습니다. 어디서 따뜻함을 얻을까요?

지금도 바보 '용구'의 얼굴이 또 다른 용구인 제 머릿속에 떠오릅니다. 예승이의 미소도 일품입니다. 오랜만에 펑펑 울었습니다.

홀로 밥 먹지 않게 하소서

어림잡아 54년 전, 초등학교 1학년 때 일입니다. 지금도 기억이 생생한 걸 보면 어린 마음에 상처가 컸던 모양입니다.

어느 날 선생님께서 묘한 말씀을 하셨습니다.

"내일 알몸 사진 찍을 테니까 목욕 잘 하고 오도록."

아니, 알몸 사진? 어린 마음이지만 좀 요상한 생각이 들었습니다. 다행히도 여름철이 가까웠던 때여서 목욕하는 데 별 어려움이 없었습니다.

이튿날, 아! 창피했습니다.

지금 같으면 말도 안 되는 광경이 벌어지고 있었습니다.

남자 아이, 여자 아이 상관없이 다 홀랑홀랑 옷을 벗었습니다. 그리고 정해진 장소에 서면 누군가 사진을 찍어댔습니다. 이건 누드 사진전을 준비하는 것도 아니고, 당시만 해도 선생님 말씀이라면 군소리도 할 수 없던 터라 이름이 불리면 쏜살같이 정해진 자리에 서야 했습니다.

그것도 알몸으로요. 물론 차렷 자세지요. 어린 나이였지만 심한 수치심을 느끼지 않을 수 없었습니다.

무슨 국제기구로부터 옥수수 가루를 지원받고 있었는데, 거기서 영양이나 발육 상태를 조사하기 위해 그 짓을 요청한 것이 아니었나 추측합니다. 1960년대 초니까 온 나라가 그야말로 찢어지게 가난하던 시절입니다. 먹고 살면 다행이던 때지요.

그런 황당한 일이 있은 지 얼마 후 선생님은 사진 한 장씩을 나누어 주셨습니다. 크윽, 그건 바로 그때 찍은 누드 사진이었습니다. 햇빛 때문에 약간은 찡그렸고 얼굴엔 창피한 기운이 역력한 흑백 사진이었습니다. 갈비뼈가 앙상하게 드러난 모습 그대로 찍혀 있었습니다. 아이들은 사진을 받자마자 얼른 가방에 쑤셔 넣었습니다. 키득 키득 웃는 아이들도 있었지요.

집으로 돌아왔습니다. 그때 바로 옆집에 살고 있는 석길이 엄마를 만났습니다. 석길이 엄마는 저를 상당히 경계(?)하는 분이었습니다. 제가 개인기 하나를 갖고 있었지요. 왼손을 펴서 오른쪽 겨드랑이에 갖다 대고 흔들면 요상한 소리가 났습니다. 소위 '겨드랑 방구'라는 건데 당시 엄마들이 알아주는 상당한 개인기였습니다. 어느 날 석길이네 집 앞을 지나가는데 석길이가 되게 꾸중 듣는 소리를 들을 수 있었습니다.

"야, 너도 용구처럼 뿍뿍거려 봐. 너는 그것도 못하냐? 왜 그걸 못해?"

하이고, 그게 뭐라고 그렇게 몰아붙이는지……. 그때는 제가 철이 없어서 그 방문 앞에서 석길이를 부르면서 왼손을 오른쪽 겨드랑이에 갖다 대고는 연신 그 삑삑거리는 소리를 내곤 했지요. 그러니 석길이란 놈 환장했지요. 알몸 사진을 받아 들고 오는데 바로 그 석길이 엄마를 만난 겁니다. 느닷없이 알몸 사진 좀 보자고 하데요. 얼떨결에 꺼내 드렸지요. 그랬더니 사진을 뚫어지게 쳐다보시다가 한마디 툭 던지는 거였습니다.

"있을 건 다 있네. 귀엽게도 생겼네."

그때 그 말 한마디가 저에게는 너무 서러웠습니다. 다른 여자(?)가 내 누드 사진을 보고 있을 게 다 있다니, 귀엽게 생겼다니, 아니, 귀엽기는 뭐가 귀엽다는 겁니까?

얼굴이 벌게져서 집으로 뛰어 들어왔는데 엄마가 계시지 않았습니다. 이불을 뒤집어쓰고 펑펑 울었습니다. 저도 모릅니다. 뭐가 그렇게 서러웠는지, 그저 한없이 외롭고 외롭다는 생각뿐이었습니다.

위대한 과학자 아인슈타인의 고백입니다.

"이상한 일이다. 세상 사람들이 다 나를 알아주는데도 나는 사무치게 외롭다."

서점에서 언뜻 읽은 책 내용이 기억납니다.

"당신이 내 곁에 있어도 나는 외롭다."

인생은 어쩔 수 없이 외로운 것일까요? 그래도 외로움을 덜 수 있는 방법은 누군가를 사랑하는 일, 누군가를 기다리는 일, 무엇인가 열정을 다해서 할 일을 하는 것, 그 정도일까요?

정호승 시인의 〈새벽기도〉라는 시 한 편이 울컥거리게 합니다.

이제는 홀로 밥을 먹지 않게 하소서
이제는 홀로 울지 않게 하소서
길이 끝나는 곳에 다시 길을 열어주시고
때로는 조그만 술집 희미한 등불 곁에서
추위에 떨게 하소서
밝음의 어두움과 깨끗함의 더러움과
배부름의 배고픔을 알게 하시고
아름다움의 추함과 희망의 절망과
기쁨의 슬픔을 알게 하시고
이제는 사랑하는 일을 두려워하지 않게 하소서
리어카를 끌고 스스로 밥이 되어
길을 기다리는 자의 새벽이 되게 하소서

시인의 새벽도 외로웠을까요? 외로움을 이렇게 아름답게 노래할 수 있다는 사실에 질투심이 올라옵니다. 어차피 외로운 인생이라면 그 외로움을 만질 줄 알아야겠지요. 그 외로움을 즐길 줄 알아야겠지요. 그리고 스스로 외로움을 만들지 않도록 누군가를 친구로 만들고 또 누군가의 친구가 되어야겠지요.

"홀로 밥을 먹지 않게 하소서."

외로움을 노래할 줄 아는 것도 상당한 지혜겠지요?

스물세 번째 이사를 하면서

곰곰이 따져 보니까 이번이 스물세 번째입니다. 아버님은 소풍 다니듯 이사를 다니셨습니다. 그래야 시를 쓸 수 있다고요. 제 아버님은 꽤 이름이 알려진 시인이셨습니다. 초등학교 교사로 발령난 곳이 안흥이라는 바닷가였습니다. 그 오지에 근무하게 된 것도 바다 체험을 하고 싶은 바람 때문이었습니다. 그래야

바다에 대한 작품을 쓸 수 있다나요? 그러니 가족들은 고달팠습니다.

두 달 만에 이삿짐을 싼 적도 있습니다. 당연히 저도 두 달 만에 전학을 가야 했습니다. 초등학교를 무려 다섯 군데나 다녔습니다. 대전에서 경북으로, 충북으로, 충남으로, 그러니 저는 초등학교 친구가 한 명도 없습니다. 그렇게 이사를 다녀도 아버지는 손 하나 까딱하시지 않았습니다. 어머니가 짐을 다 싸셨습니다. 제가 좀 큰 후에는 도움이 되었습니다.

예전엔 이삿짐센터가 있는 것도 아니어서 한번 이사를 하고 나면 몸살을 앓아야 했습니다. 특히 책이 많아서 이사하려면 여간 골치 아픈 게 아니었습니다. 예산에 살 때는 남의 집 윗방에서 지낸 적도 있습니다. 아궁이에 불을 땔 때인데, 불기운이 안방을 거쳐 들어오면 윗방은 냉골이나 마찬가지였습니다. 캄캄해서 집에 들어가기가 싫어도 너무 싫었습니다.

그런데 스물세 번째 이사는 폼 나게 했습니다. 12년 만에 이사를 한 겁니다. 물론 짐 싸는 일은 두 주간이나 계속됐지만 이삿짐센터에 부탁해서 정말 수월했습니다. 문제는 12년 만이라 갈등이 많았습니다.

'버려야 하나, 말아야 하나?'

오래 머뭇거리지 말고 결단을 내려야 했습니다. 넓은 곳에서 살다가 좁은 공간으로 옮겨야 했기 때문입니다. 아내는 시집올 때 가져왔던 전축을 버리기로 했습니다. 물론 고물이 돼서 듣지도 않지만 정이 담긴 물건입니다. 책장도, 책상도 딱지를 붙였습니다. 어머님이 사용하시던 재봉틀도 눈 딱 감고 처분했습니다. 문제는 책입니다.

'손때가 묻은 책들을 어떻게 하나?'

그러나 도리가 없었습니다. 이사 갈 아파트 공간이 허락지 않았습니다. 두 주간 버릴 책을 싸면서 "미안해, 미안해" 중얼거리며 이별 작업을 했습니다.

노숙자들이 모이는 곳에 연락해 보내기로 했습니다. 1톤 트럭으로 하나가 됐습니다. 트럭에 실려 떠나가는 책들을 보면서 "잘 가라. 그동안 정말 고마웠다"라고 또 중얼거렸습니다.

주택에서 살다 아파트로 오니까 좋은 점은 웃풍이 없다는 것입니다. 첫날은 웃풍이 센 주택에서 자던 습관대로 이것저것 껴입고 자다가 열 찜질하는 줄 알았습니다. 청소하기도 수월합니다. 13층이라 한참 올라가고 내려가야 하는 게 불편하고 이전보다 좁은 곳으로 왔지만 금세 적응이 됐습니다.

스물세 번째 이사를 하면서 한비야 님의 글이 생각났습니다.

"배낭여행을 하면서 깨달은 것은, 배낭을 쌀 때 정신 바짝 차려야 한다는 사실이다. 조금 방심하면 눈 깜짝 할 사이에 배낭이 차고 넘친다. 그 무거운 걸 등에 지고 다니자면 여행이 아니라 고행이 되기 때문이다. 나는 배낭을 가볍게 싸기로 유명하다. 먼저 넣을까 말까 망설이는 물건은 다 빼놓는다. 꼭 필요한 것 중에서 여러 가지 용도로 쓸 것을 생각한다. 이미 넣은 물건도 반으로 줄인다. 비누는 반으로 자르고, 더운 곳에 가면 긴팔을 잘라 반팔로 입고, 이렇게 최소의 최소를 추려서 싸면 뭐든지 하나씩이고, 그 하나가 얼마나 소중한지 모른다. 싸구려 볼펜이라도 필기구는 오직 그것밖에 없어서 늘 잃어버리지 않게 주의하고 마지막 한 방울 잉크까지 아껴가며 쓰게 된다. 한번은 그 필수품을 넣은 가방을 통째로 잃어버린 적이 있다. 에티오피아, 신석기 시대 사람들처럼 사는 곳에서다. 당장 써야 할 물건이 하나도 없었다. 며칠을 그렇게 지냈는데 없으면 도저히 못 살 것같이 여겨진 물건들이 희한하게도 그렇게까지 필요한 것이 아니라는 생각이 들었다. 칫솔 대신 연한 나뭇가지를 비스듬히 깎아 이를 닦으니 개운했다. 화장품도 그곳 사람들 마시는 술에 레몬을 넣었더니 훌륭했다. 휴지는 애당초 필요 없는 것이었다. 손과 물만 있으면 만사 오케이다. 그래서 생각해 본다. 없으면 안 된다고 믿는 것 중에서 정말 우리에게 필요한 것이 얼마나 될까?"

인생은 이사 다니는 일인지 모를 일입니다. 어쩌면 앞으로도 몇 번은 더 해야 할 것 같습니다. 그렇게 이사 다니다 때가 되면 하늘나라로 영원한 이사를 가게 되겠지요.

이 땅과 영영 이별해야 할 그때, 가진 것 때문에 버릴까 말까 갈등하지 않도록 미리미리 가볍게 사는 연습도 쓸데없지는 않다는 생각입니다.

그러고 보면 스물세 번째 이사는 제대로 한 것 같습니다. 아! 13층이라 하늘은 가까워졌지만 한참 아래를 내려다보면 금방이라도 아랫도리가 척척해질까 염려됩니다. 그래도 낯선 이곳을 사랑해야겠지요!

나무 2

나무는 눕고 싶을 때에도 서 있습니다

나무는 뛰는 것이 곧 서 있는 것입니다

나무는 조급할 때도 그저 서 있습니다

나무는 분통이 터져도 그저 서 있습니다

나무의 사명은 그렇게 거기 서 있는 일입니다

그저 하늘을 바라보고 서 있는 일이 나무가 하는 일입니다

그렇게 그 자리에 서 있기만 했는데도

어느 새 이파리는 무성하고 꽃은 찬란하고 열매는 황홀합니다

아! 나무 곁에 기대서서 님의 심장소리를 듣습니다

거기 그렇게 서 있으라는……

자기 자리를 지킨 이들의 심장이 터져서

장미가 되는 계절입니다

우리 이웃,

그 따뜻한 이야기 **2**

오늘 나는 누군가의 무엇이 될까?

기분 좋은 아침이었습니다. 어느 분이 출근하려고 차를 살폈습니다. 그런데 이게 어찌된 일입니까? 차 뒤 범퍼가 확 찌그러져 있었습니다.

"아니? 어떤 놈이?"

그 순간 기분이 확 찌그러지고 말았습니다. 아니, 아침이 왕창 찌그러지고 말았습니다.

"이건 뺑소니야, 나쁜 놈!"

입에서 욕이 튀어나왔습니다. 투덜거리며 급히 차를 정비소에 들였습니다.

"어떤 나쁜 놈이 이렇게 해 놓고 달아나버렸네요. 정말 이런 놈들이 너무 많은 세상이네요. 가게에 나가 봐야 하는데, 얼른 고쳐 주시지요. 그런데 이거 비용이 얼마나 들까요?"

이리저리 차를 살피던 정비사가 한마디 합니다.

"글쎄, 제가 얼마나 받으면 좋을까요?"

농담인 줄 알고 농담으로 대답했습니다.

"그럼 공짜로 해 주시던지요."

드디어 수리가 끝났습니다. 정비사의 이마에는 땀방울이 송송 맺혀 있었습니다.

"수리비는 얼마인가요?"

"공짜입니다."

"아니, 한두 푼도 아닌 수리비가 공짜라니요? 이렇게 아침 일찍 땀 흘려 수고하시고는 돈을 안 받겠다니……."

"그럼 음료수나 하나 사주세요."

막무가내입니다. 할 수 없이 음료수 두 개를 사왔습니다. 함께 마시는데 그 정비사가 기가 막힌 말을 했습니다. 수리비를 받지 않는 이유입니다.

"손님, 아침부터 기분 상했을 텐데 세상엔 좋은 사람도 종종 있어야 할 것 같아서요."

아! 그때 찌그러졌던 아침이, 찌그러졌던 기분이 확 살아나기 시작했습니다. 그 말 한마디로 구겨진 아침이 확 펴지고 있었습니다.

'세상엔 좋은 사람도 종종 있어야 할 것 같아서요.'

그래서 공짜랍니다. 아! 세상이 여전히 돌아가고 있는 까닭을 알 것 같습니다. 세상이 아직도 살 맛 나는 까닭을 알 것 같습니다.

얼마 전에 부산 지방에 물 폭탄이 떨어졌습니다. 도시가 아수라장이 된 적이 있었습니다. 사람 태운 버스가 불어난 물살에 떠내려간 안타까운 사건도 있었습니다. 마음이 아프고 천근만근 무거웠습니다. 모두가 한숨을 쉬었습니다. 소방서 직원들은 눈코 뜰 새 없이 고생했습니다. 모두가 허탈했고 낙심했습니다. 아무리 고생해도 표시가 나지 않았습니다. 도시 전체가 우울했습니다.

그런데 8월 29일 12시에 소방서에 등기 우편물이 배달됐습니다. 이런 글귀가 적혀 있었습니다.

"소방서 소장님, 얼마 안 되는 금액이지만 필요한 데 사용해 주세요. 부산 시민 한 사람으로 30년 동안 모은 돈 천만 원입니다."

으와! 30년 동안! 모은 돈! 지쳐 있던 소방서 직원들과 소식을
들은 시민들의 마음이 훈훈해졌습니다. 찌그러졌던 기분에 갑자
기 생기가 돌았습니다. 어떤 이는 울먹이기도 했습니다. 한 사람
의 위로가 도시의 우울함을 날려버렸습니다. 아직도 세상에서
희망을 노래할 수 있는 이유입니다.

올해 프로 야구는 희한한 현상이 있습니다. 1위에 대한 관심
보다 꼴찌 팀에 대한 관심이 높습니다. 꼴찌 팀은 한화 이글스
입니다. 우리가 살고 있는 대전 충남을 연고지로 하는 팀입니다.
어느 때는 정말 속 터지게 경기를 합니다. 그런데 꼴찌인데도 한
화는 관심의 대상입니다. 응원하는 분들 때문입니다. 한화 이글
스를 응원하는 분들은 '보살'이라는 별명이 붙은 만큼 꼴찌를 탈
출하지 못해도 한결같이 응원합니다. 경기에서 지더라도 응원을
쉬지 않습니다. 참 대단합니다. 힘내라, 패배해도 응원을 쉬지 않
는 이유는 내일이 있기 때문입니다. 꼴찌 팀 선수들 얼굴이 1위
하는 선수들 얼굴과 비교해도 별로 다르지 않습니다. 응원이란
그런 것입니다. 위로란 그런 것입니다. 내가 남에게 줄 수 있는
놀라운 힘이 응원 그리고 위로와 격려입니다.
운동회에서 아이가 달리기를 합니다. 대신 달려 줄 수 없지만

엄마 아빠가 응원하면 함께 달리는 것입니다. 혼자 달리는 게 아닙니다. 오늘 내가 직접 할 수 없지만 누군가에게 힘이 되어 줄 수 있는 일, 그 일에 도전하고 싶습니다. 나는 누군가의 위로가 되고 싶습니다. 아자! 파이팅! 그럼 충분합니다.

희한한 끌림

어떤 여자 분이 친구들 모임에 갔다가 낯선 남자와 얼떨결에 악수를 했습니다. 그런데 이 사람이 자꾸만 작업을 걸어오는 겁니다. 눈에 환히 보입니다. 이메일이 수도 없이 날아 왔습니다. 그러다 다시 만날 기회가 있었습니다. 어떤 남자인가? 이번엔 아주 꼼꼼히 살펴봤습니다. 그런데 자신이 생각하는 사람은 아니었습니다. 특히 얼굴이 불량(?)해 보였습니다. 이내 마음을 접었습니다. 그런데 그 후로도 연락은 멈추지 않고 왔습니다.

"내일 시간 되시면 영화나 한 편 볼까요?"

어느 날은 그렇게 수작을 걸어왔습니다. 내키지 않았지만 마침 무료하기도 하고, 영화 한 편 본다고 무슨 결판이 날 것도 아니고 해서 약속을 했는데 이건 또 무슨 일입니까? 얼마 있지 않아서 갑자기 약속을 취소한다는 전화가 온 겁니다.

"미안해요. 제가 아주 급한 일이 있어서요."

"아니, 무슨 일인데요?"

"말씀드리기가 좀 곤란해서요."

"아니, 무슨 일인데 곤란해요?"

마음에는 없지만 영화 보기로 한 약속이 삐그러져서 심통이 좀 났습니다. 꼬치꼬치 깨물었더니 황당한 대답이 나왔습니다.

"저, 사실은 급히 치질 수술을 해야 해요."

여자 분이 배꼽을 잡고 웃었습니다.

"그럼 할 수 없네요."

한편으로는 서운했지만 마음에 없는 사람이니 잘됐다 싶기도 했습니다. 그런데 수술 다음 날 또 연락이 온 겁니다.

"아니, 수술했다면서요? 왜요?"

"죄송해요. 아이고, 아파. 아이고."

"수술은 잘 끝냈어요?"

"예."

기어들어가는 목소리가 흘러나왔습니다.

"그런데 왜 전화를 해요?"

"저, 사실은요. 아이고, 아파. 저, 제 고향이 멀어 서울에 아는 사람이 없거든요. 아이고, 옆에서 간병해 줄 분이 없어서요. 아이고, 아파. 이틀만 병실에 좀 와주실 수 없을까요?"

"뭐요?"

처음엔 펄쩍 뛰었지만 그놈의 "아이고, 아파" 하는 신음 소리에 끌리고 말았습니다. 병실에 가보니 참 불쌍했습니다. 오만상을 찡그리고 고통스러워했지만 며칠 후 곧 퇴원할 수 있었습니다. 할 수 없이 택시 불러서 집까지 동행했지요. 엉거주춤 오리 궁둥이를 하고 걷는 모습에 쿡쿡 웃음이 새어 나왔습니다. 그리고 이젠 정말 끝났다고 생각했는데 그게 아니었습니다.

"저, 죄송한데요. 집에 혼자 누워 있으니까 밥도 못해 먹고 힘드네요. 제가 특이체질이라 한 달은 고생을 더 해야 한다네요. 가끔 오셔서 도와주실 수 없을까요?"

"예에?"

이 사람이 미쳤나? 깜짝 놀랐지만 이번에도 그 놈의 아픈 신음소리에 끌리고 말았습니다. 그렇게 한 달을 들락거렸습니다. 완쾌되던 날 너무 고맙다고, 이 은혜를 어떻게 갚아야할지 모르

겠다고 야단을 피웠습니다. 어쨌든 여기까지만이라고 생각했는
데 며칠 후 또 전화가 왔습니다. 먹지 말라던 술을 조금 입에 댔
다가 치질이 재발했다는 겁니다. 다시 수술을 하게 되니 그 이상
한 동거가 또 시작되었습니다. 그러면서 이야기를 나누어 보니
얼굴은 불량 감자지만 마음은 진실해 보였습니다. 그리고 이상
하게 자꾸 마음이 끌리는 겁니다.

"이 참에 우리 집에 와서 함께 살지요?"

그래서 6개월 만에 결혼식을 올렸습니다. 예식장은 신랑이 치
질 수술한 그 병원 건너편으로 잡았습니다.

오늘도 행복한 쪽으로, 유쾌한 쪽으로 자꾸만 끌리는 하루였
으면 좋겠습니다. 나! 그대에게! 그대 나에게 끌렸으면 좋겠네!

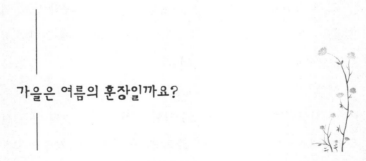

가을은 여름의 훈장일까요?

그녀의 인생은 처음부터 지독하게 배가 고팠습니다. 술 마시

면 부수고 때리는 아버지 때문에 엄마는 야속하게도 온다간다는 말도 없이 집을 나가버렸습니다. 겨울 바닷바람은 살을 에는 것 같았습니다. 집안에 갇혀 있기보다는 차라리 그게 나았습니다. 칼바람에 온몸을 맡기는 시간이 오히려 허기진 인생에 위로가 되었습니다. 거리를 헤매다 너무 배가 고파서 견딜 수 없으면 남의 집을 기웃거렸습니다. 열한 살 어린 나이에 더 큰 서러움은 엄마가 보고 싶은 그리움입니다. 밤마다 그리움으로 눈물마를 날이 없었습니다. 더 이상 학교 갈 힘도 없었습니다. 초등학교 3학년이 그녀가 학교에 다닌 전부였습니다. 그리고 열여섯 살이 될 때까지 남의 집 식모살이를 했습니다. 남의 눈치를 보며 살아야 하는 구차함과 외로움은 어린 가슴에 옹이처럼 박혀버렸습니다.

그 서러움을 어떻게 말로 다 설명할 수 있을까요? 한글도 제대로 배우지 못했지만 속에서 북받치는 서러움 때문에 밤이면 눈물로 일기를 써내려갔습니다. 그냥 뭔가를 끄적거리지 않으면 숨을 쉴 수가 없었습니다. 그런데 이럴 수가 있을까요? 엄청난 아픔이 휘몰아쳤습니다. 이복오빠에게 성폭행까지 당하고 말았습니다. 다른 사람들은 모두 행복한데 나만 바다 한복판에 떨어져 있는 무인도 같았습니다.

그 후 다행히도 그녀는 가까스로 엄마를 만났습니다. 첩첩산 중인 깊은 산골 오두막집에서 산나물을 뜯으면서 살았습니다. 오랜만에 엄마와 오붓한 생활이었지만 마음속엔 또 다른 목마름이 솟구치고 있었습니다. 학교를 다니고 싶었습니다. 그러나 그럴 형편이 되지 못했습니다. 어느 날부터인가 마을회관에서 책을 빌려다 읽기 시작했습니다. 책을 읽으면서 그녀의 마음은 꿈틀거렸습니다. 몇 갈래 길이 보이기 시작했습니다. 그렇게 몇 년을 지내다가 농촌 젊은이들의 모임인 4H서클에 가입했습니다. 그러면서 그녀의 손에서 책이 떠나지 않았습니다. 드디어 4H 회장이 되었고 생활의 폭이 넓어졌습니다.

어느 날 깜짝 놀랄 만한 초청을 받습니다.

'아니? 내가? 어떻게? 그런 자리에? 말이나 돼?'

그녀가 살고 있던 동네 근처에 청송교도소가 있었는데 4H 서클 회장 자격으로 초청을 받은 것입니다. 재소자들에게 강의를 해달라는 부탁이었습니다. 가슴은 뛰고 잠이 오지 않았습니다.

'나같이 못 배우고 처량한 인생이? 그저 들추기만 해도 상처가 시퍼렇게 보이는 내가 누구 앞에서 무슨 말을 할 수 있단 말인가?'

겨울 추위가 아직도 스멀거리던 어느 날, 그녀의 스무 살 모진 인생은 전혀 예상할 수 없는 방향으로 내달리고 있었습니다. 대형 강당 안에 꽉 들어찬 6천여 명의 재소자. 죄를 짓고 교도소 안에서 형을 살고 있는 그들 앞에 섰을 때, 그녀의 심장은 꽉 막혀 버리는 것 같았습니다. 드디어 한 교도관으로부터 소개가 끝나고 마이크는 그녀의 손으로 건너왔습니다. 고개를 든 순간 머리 박박 깎은 6천여 명의 시선이 한꺼번에 그녀에게로 몰려들었습니다. 그녀는 덜컥 겁이 났습니다. 그리고 그만 자신도 모르게 마이크를 붙잡고 밑도 끝도 없이 엉엉 울어버렸습니다. 강당 안은 순식간에 웃음바다가 되었습니다. 그러나 조금씩 시간이 지나면서 그녀가 토해 낸 울음소리의 의미가 강당 안에 있던 그들의 가슴을 파고들기 시작했습니다. 그녀는 입을 열어 자신이 겪은 숱한 상처들을 하나씩 양파 껍질 벗기듯 들려주었습니다. 건드리기만 해도 아프고 쓰린 그녀의 절망과 한숨의 질곡들을 말입니다. 그야말로 그녀의 인생은 온통 시퍼런 멍투성이였으니까요. 애절한 그녀의 아픈 인생 이야기가 점점 슬프게 흐르고 있었습니다. 여기저기서 흐느끼는 소리가 들렸습니다. 아픔은 아픔으로 통하고 상처는 상처 난 사람끼리 통하는 법입니다.

그녀의 교정위원 인생은 그렇게 시작되었습니다. 버려진 인생이었고 너무도 아프고 외롭고 서럽던 인생이었기에 비슷한 상처를 어루만질 수 있었습니다. 법무부 최연소 교정위원인 박순애 님의 이야기입니다.

자신의 쓰라린 아픔은 느닷없이 누군가의 가슴 속으로 희망이 되어 흐르기 시작합니다.

'내 상처는 누군가의 희망이 될 수 있다.'

아! 틀림없습니다. 상처는 훈장이란 말, 틀림없습니다. 지금 내가 만나고 있는 아픔도 좌절도 언젠가 그 누구에게는 희망이 되고 위로가 되고 훈장이 되겠지요? 깊어가는 가을도 뜨겁던 여름의 훈장일까요?

아버지의 뒷모습이 확 보인다면

김창옥 작가, 그는 대학 교수입니다. 그리고 수많은 사람을 웃기고 울리는 인기 강사이며 베스트셀러 저자입니다. 그러나 그에게 아버지는 참 의미 없는 존재였습니다. 무뚝뚝하고 정을 느낄 수 없는 분이었습니다. 그런데 그런 아버지와의 벽이 조금씩 무너지는 사건을 경험합니다.

어느 날, 고향 제주의 어느 치과 병원으로부터 전화를 받았습니다.

"저, 교수님 아버님이 임플란트를 하셔야 하는데요. 막내 아드님에게 비용을 낼 수 있느냐고 여쭈어 보라고 해서요."

그 순간 짜증이 확 올라왔습니다.

'늘 무뚝뚝하고 뻣뻣하기만 한 아버지가 느닷없이 임플란트 비용을 대라고?'

그러나 교수 체면에 속엣말을 드러내지는 않고 그러라고 의미 없이 대답을 하고는 전화를 끊으려고 했습니다. 그런데 그쪽에서 다시 이러는 겁니다.

"아버님이 전화를 바꿔달라고 하시는데요?"

"네? 아버지가요?"

막내아들에게 한 번도 전화해 본 적이 없는 아버지가 무슨 말씀을 하시겠다는 건지? 그리고 나는 또 뭐라고 대답해야 하는 건지? 짜증이 확 올라왔지만 꾹 참고 전화기를 귀에 대고 있었습니다. 그 무뚝뚝하고 뻣뻣한 아버지의 음성이 짧고 딱딱하게 들렸습니다.

"막둥이냐? 미안하다. 정말 미안하다."

그 짤막한 아버지의 음성을 듣는 순간, 가슴에 슝 하고 바람 소리가 났습니다.

얼마 후 제주도에 내려갔습니다. 이런저런 일을 보고 집에 들렀다가 다시 서울로 올라가려고 공항으로 가려는데 아버님이 배웅하시겠다는 겁니다.

'아니? 웬 일로?'

정말 생전 처음 있는 일입니다. 그동안 늘 어머님이 배웅하시면서 "우리 막둥이, 조심해서 가거라"며 눈물짓곤 하셨는데 어머님 대신 아버님이? 영 어색하고 못마땅하기까지 했지만 그러시라고 했습니다. 공항으로 가는 중간에 차를 세우고 은행에 들렀습니다. 빳빳한 신권을 인출해서 아버님에게 용돈으로 드렸습니다. 그리고 비행기를 타려고 탑승구로 나가려는 순간이었습니다. 어머님이 배웅 나오시면 늘 뒤를 돌아본 후 탑승장으로 들어갔는데 어머니는 계속 손을 흔들고 계셨습니다. 무뚝뚝한 아버님도 어머니처럼 계속 손을 흔들고 계실까? 그래도 예의상 한번 뒤를 돌아다보았습니다. 아! 그때 그는 아버지의 모습을 보았습니다. 용돈으로 드린 신권, 그 빳빳한 돈을 세느라 고개를 숙이고 손가락에 침을 퉤퉤 뱉고 계시던 모습을 말입니다. 그러시더

아빠, 삐졌지?

니 그냥 획 뒤돌아 공항을 나가시는 겁니다. 그때였습니다. 아버지의 뒷모습이 눈에 획 들어왔습니다. 세월의 무게 때문에 한쪽 어깨는 늘어져버렸고 한쪽 다리는 접힌 채 절고 계셨습니다. 이제 초췌할 대로 초췌해진 아버지의 뒷모습이 눈에 들어오자 울컥하는 감정이 올라왔습니다.

'아! 그랬구나. 아버지도 그러셨구나!'

아버지의 고독과 세월에 할퀸 인생의 상처들이 보이는 것 같았습니다. 그 뒷모습이 그렇게 쓸쓸할 수가 없었습니다.

어느 책에서 읽은 글이 생각났습니다. '누군가의 뒷모습이 보이기 시작하면 사랑이 시작되는 거다.' 정말 그랬습니다. 표현하는 일이 서툴러서 마음을 보여 주지 못한 아버지, 아들이 그립지만 어떻게 할 방법을 알지 못하는 아버지, 뭔가 아들에게 해주고 싶어도 능력이 닿지 않아서 속으로만 끙끙거리던 아버지가 아니셨을까? 일그러진 한쪽 어깨와 접혀서 절룩거리며 걷는 아버지의 뒷모습이 그렇게 설명해 주었습니다. 그리고 너무 멀었던 아버지와의 거리가 조금씩 좁혀지기 시작했습니다. 이제 나도 아버지가 되어 보니 조금씩 아버지의 고독이 느껴지기 시작한 것입니다.

'누군가의 뒷모습이 보이기 시작하면 사랑이 시작되는 거다!'

아! 그렇게 누군가의 뒷모습이 눈에 확 들어왔으면 좋겠습니다.

행복? 그거 별거 아닌 거

1.

그의 아버지는 법 없이도 살 수 있는 분입니다. 술 담배도 못하는 분입니다. 평생 허름한 작업복을 입고 일하셨고 언제나 성실하고 꼿꼿하게 살아간 분입니다. 그런데도 집안은 가난을 면치 못했습니다. 그는 사춘기에 들어서면서부터 갈등이 생기기 시작했습니다.

'왜 우리 집은 이렇게 가난할까?'

'왜 우리 아버지는 그럴 듯한 양복 입고 돈 좀 많이 벌어 오지 못 하실까?'

다른 아이들이 비싼 운동화를 신고 이름난 브랜드 옷을 걸치고 다니는 걸 보면 늘 주눅이 들었습니다. 모든 불평은 아버지께로 향했습니다.

'나도 과외 하면서 공부할 수는 없을까?'

집안의 모든 게 싫었습니다. 아버지 얼굴을 보는 게 역겨웠습니다. 드디어 고등학교 시절, 가출을 해버렸습니다. 그러나 가출 생활은 하루하루가 고달팠습니다. 그러던 어느 날, 느닷없이 아버지가 찾아 오셨습니다. 친구들을 통해 수소문하신 겁니다. 아버지는 아들의 손을 붙들고 몇 마디를 건넸습니다.

"미안하다. 내가 다 안다. 아버지가 무능해서 미안하다. 그런데 네가 그러면 엄마 마음이 너무 아파."

아버지 눈에 이슬이 맺히는 것을 처음 보았습니다. 가슴이 콱 막히는 것 같았습니다.

그날 집으로 돌아왔는데 퇴근하신 아버님은 뜻밖에도 잔뜩 술에 취하신 모습이었습니다. 생전 처음 보는 모습이었습니다. 정신이 번쩍 들었습니다. 아버지의 눈물이 자꾸만 생각났습니다. 그 길로 야간학교를 열심히 다녔습니다.

세월이 흐르고 이제 군대에 가 있습니다. 훈련 받으면서 힘들 때마다 부모님 생각이 울컥울컥 올라왔습니다.

"아버님, 죄송합니다. 절대로 아버님을 실망시켜 드리지 않겠습니다."

사내 녀석이 부끄러운 줄도 모르고 눈물로 편지를 썼습니다. 이제야 부모님의 마음을 조금이나마 알 것 같습니다.

2.

아들 둘을 둔 주부 이야기입니다.

어느 날 남편이 온다간다 말 한마디 없이 행방불명이 되어 버렸습니다. 살 길이 막막했습니다. 어쩔 수 없이 아이들을 모두 친정에 맡기고 일터에 나서야 했습니다. 식당 일, 공장 일 가릴 것이 없었습니다. 손바닥이 갈라졌습니다. 다행히도 아이들은 탈 없이 잘 자라 주었습니다. 엄마가 힘들 때면 위로해 줄 만큼 성숙한 아이로 성장했습니다. 그게 힘이었습니다.

"엄마, 조금만 참아. 내가 얼른 커서 엄마 행복하게 해드릴게."

그분에게 아이들은 인생의 전부였습니다. 그런데 문제가 생겼습니다. 큰아이가 중학생이 되면서부터 이상해졌습니다. 말수가 줄고 잘 웃지도 않았습니다. 귀가 시간도 조금씩 늦어졌습니다.

"너, 무슨 일 있지?"

다그쳐 물어도 별 대답이 없었습니다.

"너 잘못 되면 엄마는 못 산다. 그땐 나하고 같이 죽는 거다."

그러면 아이는 딱 한마디만 했습니다.

"엄마, 걱정 마세요. 절대로 엄마 실망시켜드리지 않을 거예요."

그래도 뭔가 숨기는 구석이 있는 것 같았습니다. 손에 물집이 잡혀 있는 날도 있고, 자면서 끙끙 앓는 소리를 내기도 했습니다. 그러던 어느 날 저녁에 아이는 불쑥 흰 봉투 하나를 내놓았습니다.

"엄마, 이거 얼마 안 되지만 보태 쓰세요."

25만원이나 됩니다. 아니, 이게 무슨 돈이냐고 다그쳤더니 학교 끝나면 근처에 있는 돼지우리 청소해서 번 돈이라고 합니다. 엄마 고생하시는 것 같아서 그랬다고.

아아! 속에서 비명 소리가 올라왔습니다. 뜨거운 눈물이 쏟아지는데 주체할 수 없었습니다.

'그랬구나. 그 냄새 나는 돼지우리를 치우느라 손바닥에 물집이 잡히고 밤에 끙끙 앓았구나.'

10년을 참아 온 눈물이 줄줄 흘러내렸습니다.

'그랬구나, 그랬구나.'

행복이란 거? 그거 별거 아닙니다. 살맛나게 하는 그것이 행복입니다.

한 사람이 필요합니다

어느 아파트 상가에서 있었던 일입니다.

'이상하다? 아직도 문을 열지 않았네?'

가장 먼저 문을 열던 생선 가게입니다.

이튿날도 여전히 가게 문은 굳게 닫혀 있었습니다. 모두들 궁금했습니다. 몇 년 동안 단골손님이던 아파트 주민들은 고개를 갸웃거렸습니다. 그리고 며칠이 지났을까?

가게 앞엔 흰 종이 상자 하나가 눈에 띄었습니다. '모금함'이라는 글귀가 선명했습니다. 그 옆에는 젊은 여자 분이 이제 막 돌 지났을까 싶은 아기를 업고 서성거리고 있었습니다. 뒤에는 어설프게 쓴 현수막이 보였는데 이렇게 적혀 있었습니다.

"아픈 명호를 살려 주세요. 친절한 생선 가게 아저씨를 도와주세요!"

아기 엄마는 제법 또랑또랑한 목소리로 그렇게 중얼거리고 있었습니다. 그 아기 엄마도 아파트에 사는 생선 가게 단골손님임에 틀림없었습니다.

지나가는 사람들은 걸음을 멈추고 아기 엄마와 몇 마디 말을 나누었습니다. 그리고 걱정스러운 얼굴로 총총히 발걸음을 옮겼습니다.

아파트 상가에서 언제나 가장 먼저 문을 열고 가장 늦게 문을 닫던 그 성실한 아저씨, 누가 와도 늘 웃는 얼굴로 친절하게 대해 주시던 그 아저씨, 생선을 사든지 안 사든지 반가워하시던 그 성실한 아저씨의 아들이 몹시 아프다는 소식과 병원비를 마련해야 한다는 절박한 사연이었습니다.

이제는 아들의 병이 심해져서 가게 문을 닫을 수밖에 없게 됐다는 사실이 입에서 입으로 전해졌습니다. 아들의 수술비가 너무 벅차서 아저씨가 지금은 술로 세월을 보내고 있다는 얘기도 있었습니다. 현수막 옆에 서 있던 아기 엄마는 이렇게 말했습니다.

"몇 년 동안 단골손님인데 모른 척할 수가 없어서요."

그 말을 듣는 사람들마다 가슴 속에 울림이 있었습니다. 그리고 너도 나도 대답했습니다.

"나도 도울게요. 같이 해요."

마치 울타리에 있는 빠알간 장미꽃이 하나 둘 피어나듯이 사람들의 마음이 모아지기 시작했습니다. 드디어 생선 가게 아저씨를 위한 반상회가 열렸습니다. 이건 너무나 자연스러운 일이었습니다.

　그리고 이튿날 생선 가게는 다시 문을 열었습니다. 생선 가게 거래처 도매상 아저씨들이 아저씨 대신 가게를 운영해 주기로 하고 무조건 문을 연 겁니다. 오랜만에 가게 문이 열리자마자 가게 앞은 사람들로 벅적거렸습니다. 아파트촌 주민들은 모두 나와서 가게 앞에 줄을 섰습니다.

　그날의 감동을 뭐라고 설명해야 할지 모르겠습니다. 어찌나 많은 손님들이 몰려왔는지 생선 가게의 물건은 삽시간에 동이 나고 말았습니다.

　아! 그날부터 집집마다, 엘리베이터마다 생선 굽는 냄새가 진동했습니다. 아침에도 저녁에도 생선구이 냄새로 가득했습니다. 그런 일이 매일 벌어졌습니다. 며칠 후 사람들을 술렁이게 하는 소문이 가슴을 적셨습니다.

　"수술이 잘 됐대!"

　아파트촌 사람들은 모두들 눈물을 글썽이며 자신의 일처럼 기뻐했습니다.

　어느 날 가게엔 새로운 현수막이 걸렸습니다.

　"주민 여러분, 정말 감사합니다. 앞으로 더 열심히 살겠습니다."

그 아파트촌 주민들은 다시 아저씨의 환한 얼굴을 보게 되었습니다. 만날 때마다 그렇게 반가울 수가 없었습니다.

이게 사람 사는 세상이구나! 사람 냄새가 아파트에 물씬 피어올랐습니다. 그 후로도 그 아파트에서는 생선 구이 냄새가 무슨 상징처럼 되어 버렸습니다.

인생은 보이는 것으로 사는 게 아닙니다. 사실은 보이지 않는 것으로 사는 것입니다. 한 사람의 진솔함이 많은 사람의 마음을 하나로 만들었습니다. 한 사람, 정말 한 사람이 필요한 시대입니다. 그 한 사람이 저라면 더 좋겠습니다.

잠깐 멈춰, 그리고 천천히, 조금은 느리게

아이들이 아이들 같지 않을 때가 있습니다. 아이들에게서 어른 냄새가 물씬거릴 때가 있습니다.

아파트 분양 추첨에서 떨어진 엄마가 한숨을 쉬고 있었습니다. 그때 옆에 있던 초등학생 아이가 한마디 합니다.

"엄마, 한숨 쉬지 말아요. 인생이 원래 그런 거잖아."

이모가 좀 툴툴거립니다. 그 모습을 보던 조카가 핀잔을 줍니다.

"이모, 서른셋이나 먹은 사람이 너무 유치하다고 생각 안 해?"

아침에 등교한 학생이 선생님께 질문을 합니다.

"선생님, 오늘 신문 헤드라인 보셨어요? 검찰총장이 물러났대요."

한 아이가 혼자서 중얼거립니다.

"이렇게 숨 가쁘게 살 필요가 있을까? 늙으면 조용한 산속에 들어가 아내랑 둘이서 살고 싶다."

자기들끼리 선생님을 두고 이런 얘기를 나누기도 한답니다.

"싸가지는 없는데 실력은 있으니 우리가 참자."

마우스와 리모컨, 스마트폰을 늘 만지작거리며 크는 아이들, 중간은 건너뛰고 너무 일찍 너무 쉽게 커버린 아이들에 대한 걱정이 앞섭니다. 지나치게 어른스러운 말을 하는 게 결코 바람직하지는 않다고 전문가들은 지적합니다. 아이들은 아이들다워야 하는데요. 순수한 동심이 얼마나 아름다운 것인데요.

요즈음 아이들이 쓴 일기 중에서 황당한 글들을 읽어 보았습니다.

"키우던 금붕어 중에서 한 마리만 빼고 다 죽었다. 외로워 보여서 냉장고에 있는 굴비를 꺼내 어항에 넣었다. 10분 뒤 금붕어는 굴비가 싫은지 자살하고 말았다."

"만화에서 엉덩이에 펌프질하니까 몸이 커지는 고양이를 보았다. 우리 집 개 엉덩이에 빨대를 꽂아서 힘껏 바람을 불어 봤다. 몸은 안 커지고 강아지가 죽는다고 깨갱 깨갱 댔다."

"엄마 아빠가 밤에 뭐 하는지 궁금해서 침대 밑에 기어 들어가 숨어 있었다. 캄캄하고 숨 막혀서 죽는 줄 알았다. 답답해서 살짝 나왔는데 엄마 아빠는 껴안고 있었다. 나도 옷을 벗고 아빠 등에 달라 붙어서 껴안다가 두들겨 맞고 쫓겨났다."

"매일 밤 엄마 아빠가 보는 비디오가 궁금했다. 엄마 아빠 없을 때 틀어 봤다. '부부 테크닉'이란 제목이었다. 엄마 아빠가 합체 로봇 되려고 공부한다는 사실을 처음 알았다."

"텔레비전에서 뱀술이 몸에 좋다는 얘기가 나왔다. 아빠를 위해 놀이터에서 지렁이를 잡아 아빠의 양주병에 넣었다. 나중에 팬티만 입고 옥상에서 두들겨 맞았다."

"아기를 어떻게 낳을까? 애 낳는 느낌이 너무 궁금해서 달걀을 항문에 끼고 힘주며 넣다 뺏다를 반복했다. 동생이 엄마한테 일러서 빗자루로 두들겨 맞았다."

아이들이 왜 저 모양이냐고 하지만 그 원인은 바로 어른들인 우리에게 있다는 사실을 어떻게 부인할 수 있을까요? 우리 조심하십시다. 너무 조급해서 한꺼번에 많이 가르치고 싶은 어른들의 욕심 때문에 어린이다운 순수함을 놓치고 있는 게 아닐까요?

여름방학이 지나면 초등학교 고학년 중에는 모든 것을 귀찮아하는 '귀차니즘'이 나타나기도 하고, 발달이 빠른 아이는 '허무주의'에 빠지는 경향도 있다고 합니다.

'나는 너무 조급한 건 아닐까? 아이들을 너무 닦달하고 있는 건 아닐까?'

가끔 걸음 멈추고 뒤돌아보는 일이 필요한 요즈음입니다. 종종 내가 나에게 명령할 필요가 있지요.

"잠깐 멈춰. 그리고 천천히, 조금은 느리게."

그래도 도착 지점에 가보면 그리 늦지는 않은 게 인생 아닐까요? 언젠가 읽었던 글귀가 생각납니다.

"5분 빨리 가려다 50년 빨리 간다."

나잇값 좀 하며 살까요?

라디오를 듣다가 웃음이 삐져나왔습니다.

남편을 생각할 때, 아내를 생각할 때 나잇값도 못한다는 생각이 드는 경우를 문자로 받는 프로그램이었습니다. 이런 내용들입니다.

"그이는 싸우면 꼭 시어머니한테 일러바친다."

남편이 부부싸움을 하면 시어머니에게 꼭 전화를 하는 모양입니다. 미주알고주알, 싸운 얘기 모두 자기 엄마에게 일러바치는 남편을 보는 부인의 심정은 어떨까요? 처음엔 부인이 듣는 곳에서 하더니, 뭐라고 하니까 이젠 숨어서 전화를 한다는 겁니다.

'저게 애야 어른이야? 나잇값도 못해.'

그런데 이상하게도 비슷한 문자를 보낸 여자 분들이 많았습니다. "나이 사십인데 무슨 일을 결정할 때마다 자기 엄마에게 전화를 겁니다. 무척 황당합니다"라고요.

남자들이 약해졌다는 증거일까요? 마마보이?

어느 아가씨는 남자 친구 집에 놀러간 모양입니다. 이제 흉허물이 없어서 문을 불쑥 열고 들어갔는데 아니, 이게 웬일입니까?

남자 친구가 자기 엄마 무릎 베고 누워 있었습니다. 그러고는 아무렇지도 않게 하는 말이, "자기 왔어?" 하이고! 평생 기대고 싶은 남자였는데…….

어느 여자 분은 남편과 일곱 살 차이가 나는데 물건 사러 마트에 가면 꼭 떡볶이 사달라고 그렇게 졸라댄답니다. 도대체가! 식사 시간에 네 살짜리 아들 밥 먹여 주느라고 정신이 없는데 느닷없이 남편도 입 벌리고 "나도, 아!" 하는데 정말 머리 뚜껑 확 열릴 뻔했답니다.

그렇습니다. 내가 낳은 아들은 괜찮은데, 데려온 아들이 골치 아플 때가 종종 있습니다. 어쩌면 이런 경우는 애교로 봐 줘야 하는 거 아닐까요? 남자들은 장난끼가 발동하면 그럴 수도 있지요. 남자들은 아내에게서 어린 시절 어머니 느낌을 느끼고 싶을 때가 있으니까요.

애가 한둘 있는 집 얘기가 많았습니다.

"남편이 팬티 바람에 아기 장난감 비비탄 총을 들고는 이 방저 방 수색한다고 탕탕탕 난리를 치면서 지구 방위대 흉내를 냅니다. 이게 내 남편일까요?"

아들하고 놀아 주고 싶은 모습이려니, 하면 어떨까요? 군대 갔다 온 남자들에게서 어쩌다 나타나는 증세일까요? 남자들이 보여 주는 애교라고 생각하면?

"신랑이 아이가 먹고 있는 과자를 뺏어먹다가 애하고 대판 싸워서 애를 울려요. 나잇값 좀 하지."

이걸 어쩌지요? 과자 때문에 자식하고 싸우는 남편을 바라보는 부인의 심정은? 으으으!

"서른세 살 신랑인데 TV에 나오는 어린이 만화를 보다가 이불 위에서 그대로 흉내 내며 저에게 '어때? 똑같지? 똑같지?' 합니다. 어처구니가 없습니다."

맞습니다. 남자들은 아내 앞에서 어리광을 피우고 싶을 때가 있기도 하지요. 저요? 아, 왜 그러세요? 저는 여기 끼우지 마시고요.

아직은 젊다는 표시일까요? 남자들은 종종 어린 시절을 동경하는가 봅니다. 나이 들면 그 짓 하라고 해도 못합니다. "이때가 좋은 거다" 해야지요.

어느 아내는 "가족이 계곡에 놀러갔는데 다이빙하려는 아이들이 주욱 줄을 서 있는 중간에 끼어서 뻘쭘하게 서 있는 키 큰 남편을 보고 '나잇값 좀 해' 하고 소리를 치고 싶었어요"란 문자를 보냈습니다.

어떤 부인은 "남편이 이 더위에 부부는 애정 표현이 중요하다며 땀 냄새 나는 얼굴을 시도 때도 없이 디미는데 어떻게 해야 할까요?" 하고 묻기도 합니다.

무섭다고 화장실 문 열어 놓고 볼일 보는 남편, 주로 여자 분들이 볼 때 나잇값 못 하는 남자 분들 얘기가 대부분이었지요.

"남편이 계란 프라이 하면 반숙 아니라고 삐져서 안 먹어요. 애가 따로 없어요."

그런 문자들 사이에 드물게 부인이 나잇값 못 한다는 문자도 있었습니다.

"아내가 유치원 선생님입니다. 내가 무슨 일을 할 때마다 '잘했어요', 뭔가를 잘못하면 '미운 손?' 하는데 저는 날마다 유치원생으로 살아갑니다."

아무래도 나잇값 못 하는 사람들은 남자가 많은 모양이지요? 삐지기도 잘하고 애들처럼 유치해지기도 잘 하고.

오늘 나는 나잇값은 좀 하고 살았을까요? 이 글을 제 아내가 읽으면 저 보고 뭐라고 할까요? 묻지 마세요. 우리 다 같이 나잇값 좀 하고 살까요?

차 운전하듯 서류 처리하듯, 이건 위험합니다

어느 아버지가 신문을 뒤적거리고 있었습니다. 주춤거리던 아이가 다가왔습니다.

"아빠, 나 할 이야기가 있어요."

"왜, 돈 달라고?"

아이는 무겁게 말을 꺼냈는데 아빠는 다짜고짜 들이댑니다. 너무 반사적입니다.

"너, 무슨 일 있는 거냐?"

"너, 학교에서 사고 쳤지?"

"너, 뭐 잘못한 거 있는 거구나?"

너무 쉽게, 사정없이, 그리고 공격적으로 묻습니다.

아이가 더듬거리면서 말합니다.

"아니야. 아빠 그런 게 아니고……."

"그럼 빨리 말해 봐. 무슨 일이야?"

"됐어, 아빠. 아무것도 아니야."

그리고 아이가 고개를 돌려 버립니다. 아이는 깊은 속내를 아빠와 나누고 싶었는데 거절당했습니다. 아빠가 나를 귀찮아하는 모양이라고 생각합니다. 이게 반복되면 마음의 빗장을 걸어 버립니다. 아빠를 피합니다.

상담의 첫걸음은 경청입니다. 들어주기입니다. 잘 들어주기만 해도 큰 효과를 가져온다고 합니다. 우리는 들어주는 일에 익숙하지 않습니다. 너무 인색합니다. 지나치게 즉각적이고 반사적입니다. 차를 운전하듯이 서류를 처리하듯이 합니다. 마음을 잇는 다리를 놓기보다는 담 쌓는 일에 열심입니다.

어떤 아이이게 고민거리가 생겼습니다. 용기를 내서 아빠에게 다가갔습니다.

"아빠, 내 친구 아무개 있지? 그 애가 요새 나를 힘들게 해. 내가 너무 힘들어. 마음이 아파."

이런 말을 아빠에게 한다는 것은 나름대로 엄청난 용기를 낸 겁니다. 아빠의 응원을 듣고 싶고 아빠에게 기대고 싶어서입니다.

그런데 어른들은 너무 간단하게 대답해 버립니다.

"야, 그런 애는 잊어 버려. 친구가 하나뿐이냐? 다른 친구도 있잖아?"

아이는 자신의 마음을 풀어 놓으면 좀 어루만져 줄 줄 알았는데 아빠는 결론부터 말해 버립니다. 그러니 더 이상 할 얘기가 없습니다. 마음에 어둠이 스밉니다. 아빠와의 사이에 다리는 끊어지고 장벽이 생기기 시작합니다.

어떤 아이가 웬일인지 학원에 갈 시간보다 늦게 들어왔습니다. 아빠가 시계를 보더니 냅다 한마디 합니다.

"야, 왜 이렇게 늦은 거야? 너, 아빠가 뭐라고 했어? 학원에 빠지지 말라고 그랬지? 왜 그렇게 말귀를 못 알아들어? 네가 지금 몇 학년이냐?"

"친구네 집에 갔다가 좀 늦었어요."

"그럼 전화라도 해야지?"

그리고 알밤을 주었습니다. 그때 아이의 얼굴이 확 비틀어집니다.

"아빠, 왜 이러세요?"

"아니, 이놈이? 이제 대들기까지 해?"

아이는 울음을 터뜨립니다.

너무 조급했습니다. 차를 운전하듯이 서류를 처리하듯이 아들을 대한 것이 문제였습니다. 아들과 딸은 차가 아니고 서류가 아닌데요. 차를 운전하듯이 서류를 처리하듯이 그렇게 대하면 나중에 가슴을 칩니다.

사실은 친구가 배가 아파서 친구 부모님께 연락을 하고 병원까지 데려다 주느라고 늦은 것이었습니다. 아이는 좋은 일을 한다고 했는데 알아주지 않는 아빠에게 얼마나 큰 상처를 받았을까요? 이 상처를 어떻게 싸매 주어야 할까요? 잘못했다고 비는 수밖에 없습니다.

책망하고 따지고 공격하고 반사적으로 말하는 것은 위험합니다. 무엇보다 들어주는 것이 먼저입니다. 이상하게도 가까운 가족끼리 들어주는 일에 인색할 때가 많습니다. 그래서 함께 살지만 마음은 막혀 있을 때가 많습니다. 좀 들어줍시다.

"무슨 일이 있었구나?"

"아빠한테 무슨 할 말이 있는 모양이지?"

"그거 힘들었겠구나."

"아하, 그랬어? 그랬구나."

"우리 아들딸, 잘했는데! 그래, 한번 함께 생각해 보자."

그랬다면 얼마나 좋았을까요? 서로 들어주고 알아주고 좀 기다려 주는 일은 행복한 관계를 만드는 첫걸음입니다.

"듣기는 속히 하고 말하기와 성내기는 더디 하라."

정답 중의 정답입니다. 우리 조심하십시다. 차를 운전하듯이 서류를 처리하듯이 가족을 대하는 것은 정말 위험합니다!

5월이 다 가기 전에 꼭 해야 할 일

언젠가 읽은 기사입니다.

미국 매사추세츠 주의 한 병원에서 쌍둥이 자매가 태어났는데, 곧 인큐베이터에 들어가야 했습니다. 12주나 일찍 태어났기 때문입니다. 두 아기는 각기 다른 인큐베이터 속에서 가녀린 생명을 이어가고 있었습니다.

언니는 '카이', 동생은 '브리엘'이라고 이름을 붙였습니다. 시간이 흐르면서 언니는 체중도 늘고 잠도 잘 잤지만 동생은 상태가 좋지 않았습니다. 잘 먹지도 않았고 호흡도 고르지 못했습니다. 심장 박동도 불규칙했습니다. 체중도 태어날 때 그대로 앙상했습니다. 산소 공급도 잘 되지 않아서 온몸이 시퍼렇게 변하기 시작했습니다.

한 달 쯤 지났을 때, 인큐베이터 안을 들여다보던 부모가 소리를 질렀습니다.

"의사 선생님, 아기 숨이 가빠요."

역시 동생 브리엘이 문제였습니다. 조막만 한 생명이 금방이라도 숨이 넘어갈 듯 꼴딱거리고 있었습니다. 막대기처럼 야윈

팔다리는 잿빛으로 변하고, 새가슴을 할딱거리며 딸꾹질까지 해 댔습니다. 딸꾹딸꾹할 때마다 보는 이의 심장이 떨리게 만들었습니다.

아! 잔인하게도 간호사는 보일 듯 말 듯한 아기의 입을 벌리고 관을 집어 넣었고, 산소공급기도 최대로 올렸지요. 그래도 소용없어 보였습니다.

그때 '게일'이라는 간호사에게 비상한 생각이 스쳤습니다.

'맞아, 쌍둥이 언니를 옆에 눕혀 보자.'

유럽에서는 쌍둥이를 한 인큐베이터 안에서 키우는 것이 일반화되어 있었지만 미국에서는 아주 생소한 방법이었다고 합니다.

"어서, 언니를 동생 옆으로."

태어난 후 처음으로 두 쌍둥이 자매가 얼굴을 마주 대하는 순간이었습니다. 눈도 뜨지 못한 채로 말입니다. 그때 놀라운 광경이 벌어졌습니다. 그렇게 울며 할딱거리던 동생이 언니 옆으로 온힘을 다해 조금씩 움직이기 시작했습니다. 그건 본능이었습니다. 드디어 언니의 몸에 자신의 몸이 접촉되는 순간 동생 브니엘은 거짓말처럼 울음을 멈추었습니다. 가파르던 호흡도 정상을 찾기 시작했고 혈중 산소 수치도 점점 좋아졌습니다.

동생이 잠들자 이번엔 언니가 고사리 같은 손을 들어서 동생의 몸을 감싸며 올려놓았습니다. 마치 너를 사랑한다고 고백이라도 하는 것처럼 말입니다. 의사도 간호사도 부모들도 그 모습을 지켜보면서 모두 숨을 죽였습니다. 그리고 생명의 위대함에 감탄하고 말았습니다.

"오, 하나님! 세상에, 이런 아름다운 일이 또 어디 있을까요!"

그 후로 미국의 병원들도 쌍둥이들은 함께 눕혀서 키우기 시작했습니다. 피부와 피부의 접촉에서 오는 신비스런 힘을 발견한 것입니다.

듀크 대학교의 샌버그 박사님은 어미 쥐가 새끼를 키우는 과정에서 생후 20일 동안 쉴 새 없이 핥아 준 쥐는 생후 22일부터 스스로 먹이를 찾아 나서지만 그렇지 못한 쥐는 독자적으로 생존하기 어렵다는 사실을 발견했다고 합니다. 그는 힌트를 얻었습니다.

'사람도 만져 주면 성장이 빠르다!'

엄마의 뱃속에서 양수에 둘러싸여 있던 아기는 밖으로 나오더라도 피부를 통해 엄마를 느낀다고 합니다. 사람은 이렇게 누군가와 피부로 접촉하며 살아가야 행복할 수 있다는 증거입니다.

누군가 내 옆에 있다는 게 그렇게 행복한 이유도, 누군가 내

손을 잡아준다는 사실이 그렇게 위로가 되는 이유도 바로 여기 있습니다.

오늘 내 손이 필요한 사람은 누구일까요? 가족끼리 좀 안아 주면 어떨까요? 그게 최고의 위로인데, 그게 그렇게 어려울까 요? 더 늦기 전에, 후회가 밀려오기 전에 어서!

우리는 두 손, 두 팔이 있는 이유를 깊이 생각해야 합니다!

그들에 대한 마지막 예의는?

2001년 9월 11일은 전 세계에 엄청난 충격을 준 사건이 일어 난 날입니다. 항공기를 납치한 범인들이 미국 뉴욕 쌍둥이 빌딩 110층을 힘없이 무너뜨린 날입니다. 무려 2,948명의 생명이 희 생당했습니다. 세계가 분노한 날입니다.

그런데 거기 감동적인 이야기가 있습니다. 모건 스탠리 금융 회사는 쌍둥이 빌딩 중 남쪽에 사무실이 있었습니다. 그 회사의 관리 책임자인 릭 리스콜라는 월남 참전 용사였습니다. 모건 스탠리 회사 직원들은 그를 별로 좋아하지 않았습니다. 그에게 불평과 불만이 많았습니다. 매년 비상 대피 훈련을 실시했기 때문입니다. 릭 리스콜라는 정해진 때가 되면 어김없이 전 직원을 대상으로 대피 훈련을 실시했습니다. 근무자들 모두 정말 불만이 많았습니다.

"우리가 왜 이런 훈련을 해야 하냐? 무슨 굉장한 일이라도 나는 거냐? 아무 일도 없는데, 왜 이 고생을 해야 하냐고? 바쁜 이 시간에 무슨 대피 훈련이야?"

말들이 많았습니다. 그러나 그는 화재라도 발생하면 24층까지 와서 무조건 비상계단을 통해 건물을 빠져 나가는 훈련을 고집스럽게 실시했습니다.

모건 스탠리 회사는 고액 연봉자들이 즐비한 회사입니다.

"별 가능성도 없는 일에 이렇게 대피 훈련을 해야 해?"

그런 원성을 들을 때마다 릭 리스콜라는 외쳤다고 합니다.

"연봉보다 중요한 것은 당신들의 생명입니다. 인간이 재난으로 충격을 받았을 때 어떻게 해야 할지 뇌를 움직이는 최고의 방법은 반복해 온 훈련뿐입니다."

그의 믿음은 확고했습니다. 누구도 그 고집을 꺾을 수 없었습니다.

그리고 911 테러 사건이 터진 것입니다. 처음 북쪽 쌍둥이 빌딩이 공격당한 것을 보고 그는 소리쳤습니다. 비상벨을 눌렀습니다. 모건 스탠리 회사가 입주한 빌딩은 남쪽에 있었는데, 북쪽 빌딩이 무너져 내리고 난 뒤 17분 후 테러범들은 남쪽 빌딩에 폭격을 가했습니다. 이미 모건 스탠리 회사 직원 2,687명 거의 전원이 빌딩을 빠져나간 뒤였습니다. 그렇게 불평하던 평소의 훈련 때문에 생명을 건진 것입니다. 그 관리책임자의 말은 적중했습니다.

"당신들의 연봉보다 중요한 것은 당신들의 생명입니다."

직원들이 대피한 것을 확인한 그는 아직도 빌딩 안에 대피하지 못한 자가 있는지 알아보려고 다시 빌딩 안으로 들어갔다고 합니다. 누군가 10층에서 그를 마지막으로 봤지만 시신도 찾지 못했습니다. 아, 책임감과 충성심이 투철한 그를 사람들은 그리워했습니다.

세월호가 기울고 있는데 혼자 빠져나와 물에 젖은 5만 원 권 지폐를 말리고 있었다는 어처구니없는 이야기가 심장을 뒤집어 버립니다. 그럼에도 불구하고 학생들을 구하려고 배 안에서 그대로 숨져간 선생님들, 그리고 젊은 비정규직 직원들이 있었다는 사실은 우리의 가슴을 더 아리게 합니다.

아! 어떻게 하지요? 이 일을 어떻게 해야 할까요? 이 실망을 어찌하면 좋을까요? 그래도 힘없이 사라져 간 그 생명들에 대한 마지막 예의는 지켜야지요. 마지막 지켜야 할 예의는 그들의 희생을 잊지 않는 일입니다. 깨닫는 일입니다.

"돈보다는 생명이다. 그리고 가족이다."

"보이는 것보다는 보이지 않는 것이 소중하다."

"그리고 너희와 우리는 하나구나."

"슬픔 앞에서는 함부로 입을 놀리지 말라."

"슬픔의 비를 맞는 이들을 위한 최고의 위로는 우산을 주는 게 아니라 함께 슬픔의 비를 맞는 것이다."

그래도 흐르는 눈물을 어쩌지 못하겠습니다.

우리 제발 이러지 맙시다

어느 중년 남자 분이 치과에 갔습니다. 얼마 전부터 이가 아프기 시작했습니다.

'풍치라고? 이제 이도 삐걱거리는가?'

느닷없이 허무한 생각이 들었습니다. 지나간 세월이 무심했습니다. 그러나 열심히 살아온 덕분에 아이들 잘 크고 무능하다는 말은 들은 적 없으니 그래도 괜찮은 인생이라고 생각을 고쳐먹었습니다. 그런데 그 순간 웬일인지 아내에게 달려가 위로를 받고 싶었습니다. 누군가의 위로가 절실했습니다.

'뭐니 뭐니 해도 가족밖에 없지.'

초인종을 눌렀고 부인이 나왔습니다.

"아니, 표정이 왜 그래요?"

잔뜩 찡그린 남편을 본 아내의 반응입니다.

"치과에 갔다 오는 길이야. 풍치래. 나이를 먹긴 먹은 모양이야. 이제 치아까지 삐걱거리네."

아내의 따뜻한 말 한마디를 기대했습니다. 그런데 그 심정을 읽어 주지 못했습니다. 아내는 뱉듯이 이랬습니다.

"그럼, 남들 나이 먹는데 당신만 비켜갈 줄 알았어요? 아무리 좋은 기계도 수십 년 쓰면 고장 나는데, 이제 당신 몸도 돈 잡아먹을 때 된 게지요."

"뭐어? 돈 잡아먹을 때가 됐다고?"

"아, 그럼 치과 공짜로 다녀요?"

"또 그 놈의 돈 돈 하는구만."

그 한마디에 기분이 확 상했습니다. 이가 덜덜 떨리는 것도 괴로워 이불을 뒤집어썼습니다. 너무 아파서 앓는 소리가 그냥 흘러나왔습니다. 혹시 아내가 진통제라도 사다 줄줄 알았는데 감감무소식이었습니다. 한참을 지나서야 아내가 들어왔습니다.

"죽이라도 끓여요?"

"지금 죽 먹게 됐어? 당신 너무한 거 아냐? 남편 아프다는데 뭐? 잡아먹을 때 된 거라고?"

"아니? 당신 서운해요? 그럼 이제 내 마음 알겠네. 당신은 결혼하고 지금까지 나한테 계속 그랬잖아. 얼마 전에도 그랬잖아. 한번 생각해 봐요."

"뭐?"

이게 무슨 뚱딴지같은 소리란 말입니까?

"내가 아프다고 하면 병원 한번 같이 가줘 봤어? 따뜻한 말 한마디 해줘 봤어? 이마 한번 짚어 줘 봤어? 한번 생각해 봐요."

그러고는 아내가 쌩 나가 버렸습니다. 아차차, 듣고 보니 정말 그랬습니다.

얼마 전 일입니다. 부인이 아팠습니다. 직장에 있는 남편에게 전화를 걸었습니다.

"여보, 나 아파."

"또?"

"'또'라니? 내가 그렇게나 자주 아프다고 했어? 내가 아프다고 하면 '병원 가야지'. '당신 좀 쉬어'라든지 그래 줄 수는 없는 거야? '또'라니?"

'또?'라는 남편의 말이 비수처럼 가슴에 꽂혔습니다. 너무 서러웠습니다.

'진작 병원이라도 가볼 걸, 남편에게 기대한 내가 잘못이지.'

그날 저녁 퇴근한 남편이 아픈 아내에게 던진 말 한마디에 정나미가 떨어졌습니다.

"밥은?"

아니, 아내가 아프다는 걸 알고 있는 사람이 고작 한다는 말이 '밥은?'이라니요? 남편의 입에서 나오는 단어는 그저 두 개뿐이었습니다. "또?"와 "밥은?"

이런 말밖에 할 수 없는 사람과 평생을 살아왔다니, 아내는 서럽고 억울했습니다. 게다가 남편은 아픈 부인 놔두고 중국집에 자장면과 탕수육을 시켜서 아이들과 배터지게 먹더니 텔레비전을 보며 낄낄거리고 있었습니다.

'여자들은 몸이 아프면 남편과 아이들에게 미안한 생각뿐인데 저럴 수가?'

집안에 한동안 냉기가 돌았습니다.

남편은 아픈 턱을 붙들고 한참을 생각했습니다. 따뜻한 말 한마디, 진심으로 그대를 배려하는 말 한마디가 행복하게 만들고 결국 그 행복으로 내가 행복해진다는 사실을 조금 일찍 깨달을 수는 없을까요? 우리 제발 이러지 맙시다.

'가까운 이에게 더 따뜻해지기'입니다.

데려온 아들, 속으로 낳은 아들

어느 여자 분 이야기입니다. 친구로부터 귀가 솔깃해지는 얘기를 들었습니다. 단체로 다이어트를 하면 수월하다는 얘기를 듣고 남편에게 조심스럽게 말을 꺼냈습니다.

"자기, 나 다이어트 하러 갔다 오면 안 될까?"

"갔다 와."

"열흘이나 걸릴 텐데."

"괜찮아. 예뻐진다는데 걱정 말고 갔다 와."

내 남편이 이렇게 쿨한 사람인 줄 전혀 몰랐습니다. 울컥 가슴이 더워졌습니다.

"식사하고 빨래는 어떻게 하지?"

"걱정하지 말라니까. 내가 다 알아서 할께."

"아들 학원 가는 것도 챙겨 주고?"

"그런다니까? 걱정 붙들어 매고 다녀 와."

아니, 세상에? 내 남편이 이렇게 시원시원하다니! 감동을 먹었습니다.

합숙하면서 다이어트하는 생활은 힘들기는 했지만 우선 먹을 것이 보이지 않으니 음식 유혹을 이길 수 있어서 도움이 되는 것 같았습니다. 그러나 집이 늘 걱정돼서 종종 전화를 했습니다. 그때마다 남편의 말은 한결같았습니다.

"괜찮아, 잘 지내고 있으니까 걱정 마."

야! 나만큼 행복한 여자 있으면 나와 보라고 해! 안심시켜 주는 남편이 그저 고마울 뿐이었습니다. 드디어 단식 열흘을 마치고 집으로 돌아왔습니다. 그런데 아파트 현관을 여는 순간!

'으와아아악!'

정말 기절해서 뒤로 넘어질 뻔했습니다.

거실엔 빨래와 신문지, 라면 먹다 팽개친 냄비와 젓가락, 파리 몇 마리가 공중 비행을 하고 있고, 싱크대? 으윽! 난민촌이 따로 있을까요? 그릇은 산더미처럼 그대로 쌓여 있고, 방마다 발 디딜 틈 없는 쓰레기 천지에 속옷, 양말, 먼지, 냄새…….

그래도 이만큼 견디어 준 게 고마워서 꾹 참고 집안 청소를 마쳤지요. 우선 직장에 있는 남편에게 전화를 걸었습니다. 그런데 갑자기 응석부리는 음성이 들려 왔습니다. 며칠 동안 남편이 아기가 되어 있었습니다. 코맹맹이 소리로 이러는 겁니다.

"자기야앙, 다시는 어디 가지 망. 내가 아들 녀석 때문에 얼마나 고생했는지 알아? 이놈이 아주 애비를 부려 먹어. 설거지도

187

2부 _우리 이웃, 그 따뜻한 이야기

내가 다 하고, 집안 정리도 내가 안 하면 꼼짝을 안 해. 그리고 컴퓨터 게임을 이놈이 한 번도 져주질 않아. 이거 아들 맞아? 다시는 어디 가지 망. 나 너무 서러워.”

하이고! 그래서 남편들을 데려온 아들이라고 하는 걸까요? 기가 막히고 코가 막혀서 말도 나오지 않았습니다. 그래도 내가 그렇게 필요한 존재라는 걸 알아주니 흐뭇하다 못해 위로가 됐지요. 그런데 요상한 것은 아들 녀석도 비슷했습니다.

“엄마, 다시는 어디 가지 마. 아빠 나빠. 설거지 돌아가면서 하자고 해 놓고 아빠 차례가 되면 라면 먹은 냄비를 물속에 푹 넣었다 빼고는 설거지 다 했다 하고, 그럼 내가 다 해야지. 학원은 한 번 데려다 주고는 끝이야. 집에 돌아와 보면 아빠 술 친구 데려다가 화투 치고, 담배 피우고. 으웩!”

그러면 그렇지. 속으로 낳은 아들 말을 듣다 보니 슬슬 열이 나기 시작했습니다.

“아빠, 정말 나빠. 나하고 만 원 내기 게임했거든. 질 것 같으면 꼭 그만두자는 거야. 그럼 만 원이라도 달라고 하면, ‘야! 너 여섯 살 때 옆집 유리창 깨서 아빠가 얼마나 고생했는지 알아?’ 이러는 거야. ‘옛날에 핸드폰 고장 낸 거 물어내’ 막 이래. 쪼잔해 가지고.”

'하이고, 웬수'

그래도 열흘이나 견뎌 준 게 고마워서 꾹 참았는데 그 다음부터 집안에서 물건이 사라지는 이상한 현상이 계속되는 겁니다. 어느 날은 남편 라이터가 사라져 버리더니, 어느 날은 아들 책상 형광등 알이 사라져 버리고, 다음엔 남편 구두가 발코니에 가 있고, 다음엔 아들 컴퓨터 작동이 안 된다고 야단이 나서 전문가를 불러 왔더니 누군가 일부러 선을 빼버렸다는 겁니다. 아하, 부인 몰래 집 안에서는 속으로 낳은 아들과 데려온 아들인 남편 사이에 복수전이 벌어지고 있었던 겁니다. 그래도 속으로 낳은 아들부터 꾸짖었지요.

"너, 아빠에게 그러면 안 되지."

옆에 있던 데려온 아들이 맞장구를 쳤습니다.

"그놈 더 혼내 줘. 그놈 버릇을 고쳐야 해."

참다못해 소리를 빽 질렀습니다.

"당신, 이따 밤에 봐. 내가 못 살아!"

이상하지요? 더 잘 해주어야 할 가까운 이들에게는 밴댕이 속 알딱지 같아지고, 어쩌다 만나는 사람에게는 그렇게 친절하게 대하니 말입니다. 가까워서 편해서 그럴까요? 아니지요. 이건 아니지요.

오늘은 가족들 얼굴을 볼 때마다 싱긋 환한 미소를 날려 주면 어떨까요? 소치올림픽 선수들만 응원할 것이 아니라, 정말 응원이 필요한 건 가족이 아닐까요?

신석기와 결혼한 여자

어느 아기 엄마가 과거에 선 본 얘기입니다. 이모가 좋은 남자 있다고 자꾸 성화를 대서 직장 근처 찻집에서 그 남자를 만났습니다. 그런데 그러면 그렇지, 첫눈에 '아니올시다'였습니다. 울긋불긋 촌스러운 체크무늬 옷에 어벙한 눈빛, 한마디로 '신석기 시대' 분위기였습니다.

"급한 전화가 와서 실례합니다."

그 남자가 자리 비운 사이에 쪽지 한 장 써놓고 나와 버렸습니다. 더 생각하고 지지고 할 것도 없습니다. 비싼 스테이크가 아까웠지만 '신석기' 앞에서 고기 썰고 싶지가 않았습니다. 그저 한번 본 것만으로도 찜찜했습니다.

이튿날 전화가 와서 냉랭하게 한마디 했지요.

"어제는 급한 전화 때문에 미안했어요."

아니, 그러면 알아들어야 하는 거 아닙니까?

"하하하! 그러세요? 미안하면 오늘 스테이크 다시 먹지요. 어제 거기예요. 나오세요."

사실은 스테이크 생각이 나서 오늘까지만 만나 주기로 했습니다. 은근히 배도 출출했거든요.

"그럼 오늘만요."

정말 딱 한 번만 더 만날 생각이었습니다. 그런데 그 비싼 스테이크 먹으면서 '신석기'가 이러는 겁니다.

"저, 동문회 모임이 있는데 혼자 나가면 안 되거든요. 그저 하루만 짝꿍 해주실 수 있죠?"

스테이크가 목에서 넘어갈 때라 할 수 없이 한 번만 그러기로 했지요. 그런데 동문회 모임이라는 게 장난이 아니었습니다. 텔레비전에 나오는 것처럼 커플끼리 업고 뛰게 하지를 않나, 마주 보고 과자 먹기, 서로 풍선 끌어안고 터뜨리기, 짝을 안고 오래 버티기, 또 사회자의 명령도 얼마나 강압적인지, 머뭇거리면 "거기 그 여자 분, 지금 장난합니까? 협조 좀 하세요" 하면서 윽박지르는데 할 수 없이 '신석기'와 같이 협조할 수밖에 없었습니다.

더 웃기는 건 그 '신석기'의 태도입니다. 마치 상품에 환장한 사람 같았습니다.

"얼른 내 등에 업혀요. 아니, 왜 이렇게 무거워요? 목 좀 꽉 잡아요. 힘 좀 더 줘요. 그래서 풍선이 터져요? 확 끌어 안아욧."

'아니? 아니? 내가 왜 이러지? 이게 아닌데?'

그러나 분위기에 휩쓸리다 보니 자신도 하이힐 집어 던지고 '신석기'와 열심히 끌어안고 뛰고 뒹군 결과 대망의 3등을 했습니다. 사진도 찍었습니다. 그리고 마지막 인사를 했습니다. 이제 정말 끝입니다.

"다른 좋은 여자 만나세요."

아주 깔끔하게 정리해 버렸습니다.

그런데 며칠 뒤 또 전화가 온 겁니다.

"이러면 곤란해요. 다른 여자 만나라니까요."

"아니, 사진 드리려고요."

사진? 그건 어쩔 수 없지요. 아차차! 나가서 사진을 보니 '신석기'와 자기가 끌어안고 있는 장면, 막대과자 입에 물고 뽀뽀하는 모습, 신석기가 자기를 업고 뛰는 컷 등, 이건 신혼부부나 다를 바가 없었어요. 화가 나서 사진을 박박 찢어버렸죠. 그런데 또 전화가 왔어요.

"저 필름 드리려고요."

필름? 그것도 돌려받아야 깔끔하지요. 이튿날도 또 전화가 왔는데 왜 자꾸 전화하냐고 하니까 '신석기'와 자신이 함께 안고 찍은 커플 사진이 너무 잘 나왔는데 사진작가가 필름 안 준다는 얘기하려고 전화했다는 겁니다. 그런데 그때 말입니다. 아주 요상한 생각이 스멀거리기 시작했습니다.

'신석기? 촌스러우면 어때. 내가 코디 잘 해주면 되잖아. 어벙한 모습? 내가 잘 다듬어 주지 뭐! 나는 잘났나? 나도 별 수 없잖아.'

슬금슬금 신석기가 괜찮아 보이기 시작한 겁니다. 그리고 두 달 후에 식 올렸어요. 제주도 신혼여행 가서는 신혼부부 게임에서 푸짐한 상품도 받았어요.

그 여자 분의 결론입니다.

'말 안 되는 거 자꾸 말하다 보면 말이 된다.'

그럼요. 행복이란, 사랑이란 만들어가는 것이니까요.

신석기를 현대인으로 만들어 버리면 되겠지요!

사람은 무엇으로 사는가? 이런 맛으로요!

1.

어느 중년 부부가 겪은 이야기입니다. 군대 간 아들 면회를 가면서 귤 한 상자를 사고 싶었습니다. 마침 군부대 가는 길목에 수퍼가 눈에 들어왔습니다. 차를 멈추었습니다. 가게 이름은 '행복 수퍼'입니다. 그 가게 문을 열면서 상쾌한 글귀를 발견했습니다. 대개 손잡이에 '미세요'라고 쓰여 있는데 그 가게 문에는 '행복을 미세요'라는 글귀가 붙어 있었습니다. 행복을 미세요! 괜히 기분이 좋았습니다. 곧 면회하게 될 아들 생각에 귤 한 상자를 샀습니다. 가게를 보고 있던 청년이 얼른 차 트렁크에 실어 주었습니다. 값을 치르자 청년은 허리를 굽히면서 인사를 했습니다. 차 시동을 걸고 출발하려는데 갑자기 차 뒤쪽을 두드리는 소리가 났습니다.

"잠깐만요. 손님."

어디서 달려 왔는지 숨을 헐떡이는 50대 중반의 남자가 연신 고개를 숙이고 있었습니다.

"죄송합니다. 손님! 트렁크 좀 열어 주실래요? 지금 귤 한 상

자를 사셨지요? 제가 가게 주인입니다. 대단히 죄송합니다만 상
자 좀."

가게 주인은 대답을 듣지도 않고 차 뒤쪽에서 귤 상자를 꺼냈
습니다.

"값을 덜 받았나?"

아들이 판 거라 그럴 수도 있을 거라고 생각했습니다. 가게 주
인은 귤 상자를 가게 안으로 도로 가져가며 말했습니다.

"잠깐만 기다려 주세요. 죄송합니다."

가게 주인은 귤을 바닥에 쏟았습니다. 그러고는 하나하나를
살피면서 좋은 것만 골라서 다시 상자에 담기 시작했습니다. 드
디어 주인은 썩은 귤 다섯 개를 들어 올리면서 말했습니다.

"이건 상한 겁니다. 다섯 개나 골았어요."

그러고는 싱싱한 것으로 바꾸었습니다. 주인은 귤을 팔던 아
들에게 잔잔한 음성으로 야단쳤습니다.

"상자째 팔 때는 그냥 팔면 안 된다고 했잖아. 상한 게 없나 살
피고 팔아야지. 이건 적어도 행복 수퍼에서 파는 귤이란 말이야!
행복 수퍼!"

으윽! 감동 먹었습니다. '이건 적어도 행복 수퍼에서 파는 귤
이란 말이야.' 비록 귤 한 상자를 팔아도 이런 프라이드를 갖고

팔 수 있다면! 주인은 허리를 굽혀서 진심으로 죄송하다고 했습니다. 차가 출발했을 때 그 주인은 뒤쪽에서 손을 흔들며 뭐라고 더 말을 하고 있었습니다. 입 모양새로 봐서는 "행복하십시오"가 틀림없습니다. 좋다! 행복 수퍼!

2.

부모님 없이 할머니와 동생 셋이 살던 가난한 시절, 그녀는 여름이 싫었습니다. 남들은 다 알록달록한 샌들을 신고 다니는데 자신은 형편이 되지 않았습니다. 하루는 신던 신발 바닥을 칼로 부욱 찢어 놓았습니다. 그러면 샌들을 사줄지도 모른다고 생각했습니다. 그러나 일은 더 꼬이고 말았습니다. 샌들은커녕 할머니가 내 놓은 것은 검정고무신이었습니다. 그걸 신고 학교까지는 왔지만 친구들이 볼까 봐 신발장 깊숙이 처박아 넣었습니다. 그런데 반에서 개구쟁이로 소문난 녀석이 그걸 어떻게 알아챈 겁니다. 검정 고무신을 들고는 고래고래 소리를 질러댔습니다.

"이 조선 나이키, 누구 거냐?"

아! 그렇지 않아도 부모님이 계시지 않아 주눅 들어 있던 그녀에게 견딜 수 없는 모욕거리였습니다. 후드득 눈물이 떨어졌습니다. 수업이 끝나고 친구들이 다 갈 때까지 고개 숙인 채 앉아 있었습니다. 그때 누가 툭 건드렸습니다. 선생님이었습니다.

"녀석, 겨우 신발 갖고 그러냐? 선생님도 검정고무신 신고 왔어. 봐라."

처음엔 농담인 줄 알았는데 선생님이 정말 검정고무신을 신고 계셨습니다. 아래위로 정장 차림인데 신발만 검정고무신이었습니다. 어울리지 않았습니다. 선생님은 신발 가게에 가서 샌들을 사주며 이렇게 말씀하셨습니다.

"나도 검정고무신이 제일 편해."

그때 선생님 손에 들려 있던 누런 종이가방 속에 얼핏 까만 구두가 보였습니다. 갑자기 가슴이 찡해지고 눈물이 핑 돌았습니다.

'선생님! 감사해요!'

사람은 무엇으로 사는가? 이런 맛으로요!

거기 가면 답이 나와

"오지 말 걸 그랬다."

입이 쑥 나와 버린 막내가 자꾸만 투덜거렸습니다. 막내라고 해봐야 몇 시간 차이가 날 뿐입니다. 삼형제는 한날 비슷한 시간에 세쌍둥이로 태어났으니까요. 아직은 솜털이 뽀송뽀송한 중학교 2학년들. 추위에 모두 턱이 덜덜 떨렸습니다. 3형제가 걷고 있는 강원도 산골, 겨울 날씨는 영하 10도에 체감 온도는 영하 20도. 칼바람이 얼굴을 꽁꽁 얼리려는 듯 후벼댔습니다. 쌍둥이 3형제는 정선에서 삼척까지 100킬로미터가 넘는 거리를 걸어서 무전여행을 하고 있었습니다. 어느 날 아빠가 느닷없이 제안했습니다. 첫째와 둘째는 호기심이 발동했습니다. 다만 막내는 그런 걸 왜 하느냐며 못 마땅해 했습니다. 그러나 쌍둥이들에게 한 사람의 의견은 소용이 없었습니다. 언제나 그랬던 것처럼 두 사람이 좋다고 하면 다른 한 사람은 싫어도 그대로 따라야 하는 게 이들의 운명이었습니다.

한겨울 강원도의 밤은 빨리도 찾아 왔습니다. 배는 고프고 다리는 얼얼했습니다. 아무 집이고 들어가서 밥을 얻어먹고 하룻밤을 자야 했습니다. 생전 처음 해보는 무전여행이라 한참을 망설였지만 그대로 있다가는 얼어 죽을지도 모를 일입니다. 이런 위기에서는 그래도 큰형이 먼저 용기를 냈습니다. 몇 집의 문을 두드린 끝에 겨우 하룻밤을 묵을 수 있었습니다.

"머리를 감아야 하는데."

영하 10도의 추위 속에서도 머리 감을 걱정을 하고 있습니다. 늘 그랬으니까요. 그러나 어림도 없는 일이지요. 밥 한 그릇 얻어먹고 그대로 곯아떨어지고 말았습니다.

이튿날은 방향을 잘못 잡아서 엉뚱한 산을 하나 넘어가고 말았습니다. 이번에는 두 사람의 의견이 틀렸습니다. 어느 교회에서 하룻밤을 묵었습니다. 아랫목을 서로 차지하려고 실랑이도 벌였습니다. 양말을 벗어 보니 발바닥에는 물집이 잡혀 있었습니다.

"이상해요. 엄마 아빠가 막 원망스럽다가도 그저 걷다 보면 생각이 달라져요."

"우리를 큰사람 되게 하려고 이런 고생 시키시는 거라는 생각이 들었어요."

하룻밤 신세진 집에서 이런저런 농사일을 도와드렸습니다. 배가 너무 고프면 길 옆, 다리 밑에서 쭈그리고 앉아 라면을 끓여 먹기도 했습니다. 라면을 서로 먹겠다고 싸우기도 했습니다.

"집에 가면 라면 실컷 먹을래요. 샤워 실컷 할래요. 정말!"

"그동안 엄마께 잘해드리지 못한 것만 생각나요. 우리 때문에 많이 힘드셨을 거예요."

철이 들어가고 있습니다. 손을 호호 불며 길가에 쌓여 있는 눈으로 설거지를 하던 첫째가 한마디 했습니다.

"집이 너무 그리워요."

며칠이 지나자 추위에 익숙해졌고 걷는 일에도 이골이 났는지 말 타기 게임이며 369 게임을 하는 여유도 보였습니다. 한번은 밤새 길을 걸어야 했습니다. 아무래도 밀려오는 졸음으로 위태위태했습니다. 그리고 드디어 삼척의 동해가 나타났습니다. 입술은 부르트고 몸은 엉망이지만 눈앞에 나타난 바다 앞에서 말문이 막혔습니다. 그냥 한참 그곳에 서 있었습니다.

떠나기 전에 아빠한테 물었습니다.

"왜 이런 고생을 해야 하는 거야?"

아빠는 대답했습니다.

"거기 가면 답이 나올 거야."

그동안 집에서는 부부싸움이 벌어지고 있었습니다. 엄마는 "왜 그런 심한 고생을 사서 하느냐?"는 것이고, 아빠는 괜찮다고 얼버무리는데, 아빠의 마지막 한마디가 가슴을 후볐습니다.

아빠, 삐졌지?

"저희도 방에 보일러는 껐습니다. 애들 올 때까지 냉방에서 지낼 겁니다."

아! 가슴에서 징소리가 납니다.

무전여행을 마친 세쌍둥이와 부모의 만남은 그림같이 행복해 보였습니다.

〈어른들은 몰라요〉라는 TV 프로그램에 나온 내용입니다. 셋이서 함께 가니 괜찮았습니다. 누군가와 함께 있기만 해도 얼마나 큰 힘이 되는지요. 강원도 칼바람도 이길 수 있습니다. 우리도 고생을 감수하고 그곳에 가면 답이 나올까요?

'미' 친 놈 나와!

1.

어느 학교 음악 교실에서 있었던 일입니다. 선생님은 피아노를 가르치고 있었습니다. 학생들은 피아노 앞에 앉아서 선생님의 가르침에 따라 건반을 눌렀습니다. 음악 선생님은 아주 무서운 분으로, 학생 모두가 긴장하며 수업에 따랐습니다.

"자아, 여러분, 도를 치세요."

학생들이 일제히 도를 쳤습니다. 피아노 소리가 교실에 가득했습니다. 선생님이 다시 말씀하십니다.

"자, 이번에는 레를 치세요. 두 개의 검은 건반 사이에 있는 흰 건반입니다. 자, 레를 치세요."

학생들은 자신 있게 건반을 쳤습니다. 그러자 교실 안은 피아노 소리로 또 가득했습니다. 그 다음은 '미'를 칠 차례입니다. 그런데 성질 급한 학생이 선생님이 건반을 치라고 하시기도 전에 그만 먼저 '미'를 치고 말았습니다. 순간, 무서운 음악 선생님 눈이 뚱그래졌습니다. 교실 분위기가 흐트러진 것입니다. 선생님이 화가 나서 말씀하셨습니다.

"누구야? 미 친 놈, 나와. 미 친 놈 누구야?"

교실 안이 얼음장이 되어버렸습니다.

"너냐? 미 친 놈? 대답해 봐."

"아닙니다. 저는 미 친 놈 아닙니다."

"그럼 누구야? 미 친 놈, 일어서."

한 학생이 쭈물거리며 일어섰습니다.

"선생님, 죄송합니다. 제가 미 친 놈입니다."

"어! 네가 미 친 놈? 어허? 허허허!"

"으하하하하!"

그제야 '미' 친 놈이, '미친 놈'처럼 들려서 그 무서운 선생님도 허허 웃고 학생들도 웃었습니다.

그 다음부터 그 학생은 그만 별명이 '미친 놈'이 되어버렸습니다.

2.

서울대학병원 이임선 간호사님은 11년 전에 교통사고를 당했습니다. 어려운 투병생활이 이어졌습니다. 그런데 어느 날 거울을 보다가 자신의 얼굴에 웃음이 사라져 버렸다는 사실을 알았습니다. 투병생활로 얼굴이 찌들어 있었습니다.

사고 나기 전에는 그렇게 잘 웃던 간호사인데, 이거 큰 일 났구나 생각하고 웃음 공부를 시작했습니다. 웃음도 공부해야 웃을 수 있음을 깨달았습니다. 그리고 국제웃음치료사 자격증을 땄습니다. 그 후로 투병생활이 어려웠지만 일부러 웃었습니다.

웃음을 공부한 대로 웃었습니다.

웃음을 공부하는 첫째 관문은 양쪽 입 꼬리를 위로 올리며 웃는 일이었습니다.

"우후! 우후!"

그분은 시도 때도 없이 입 꼬리를 올려가며 웃음 공부를 했습니다. 화장을 할 때에도, 엘리베이터를 탈 때에도 "우후!", 물론 환자를 볼 때에도 "우후!"였습니다. 입으로 웃으니까 어느 날부터 자신의 몸이 웃기 시작한다는 사실을 깨달았습니다. 그렇게 아프던 곳이 점점 좋아졌습니다. 폐암으로 고생하던 그녀의 아버지에게도 웃음을 가르쳐드렸습니다.

"아빠, 우후! 우후! 10초 동안요. 입 꼬리가 올라가야 해요. 우후! 우후!"

이임선 간호사는 확인했습니다. '우후!' 하고 웃는 웃음 공부를 하면 병이 더 이상 진행되지 않는다는 사실을 수없이 경험했습니다.

이거 돈 안 듭니다. 힘 드는 일도 아닙니다. 내 몸의 세포가 웃게 하는 일입니다. 나만 좋은 게 아니라 다른 사람도 유쾌하게 만드는 비법입니다.

"우후! 우후!"

10초 이상입니다. 반드시 입 꼬리가 올라가야 합니다. 그런데 저는 좀 귀찮습니다. 어제도 아내가 다그칩니다.

"해봐요. 우후! 우후!"

오늘 아침엔 초등학교 1학년 선생님인 아내 보고 '오늘 숙제는 아빠, 엄마 앞에서 우후 ! 하고 10초 동안 웃기 숙제를 내 봐요.' 했습니다.

우후 ! 우후 ! 입 꼬리가 올라가도록 10초 이상 웃으면 내 몸이 웃기 시작할 겁니다. 우후 !

그러면 가을도 웃을는지 모를 일입니다.

눈 조심 합시다

어느 시골 밭고랑에서 할아버지 두 분이 두런두런 얘기를 주고받고 있었습니다.

"여보게, 언제 시내 나들이나 할까?"

"왜? 무슨 일 있남?"

"시내 천사 다방에 아가씨가 새로 왔대."

"아니? 할망구한테 들키면 어쩔라고?"

"이 사람, 그러니까 감쪽같이 갔다 와야지."

"다방에 아가씨 새로 왔다고 누가 그래?"

"벌써 아랫마을 남 씨가 갔다 왔대."

그때였습니다. 밭고랑 저쪽에서 부웅 오토바이 소리가 났습니다. 할아버지들 고개가 약속이나 한 듯 한순간에 홱 돌아갔습니다. 돌아간 고개는 한동안 제자리로 돌아올 기미를 보이지 않았습니다. 바로 그 천사 다방 아가씨가 차 배달하고 가는 모양입니다. 그런데 어쩌자고 할아버지들이 계신 곳에 와서는 딱 멈췄습니다. 그리고 나긋나긋한 콧소리를 내는 겁니다.

"젊은 오빠드을, 안녕하세요옹?"

허걱! 두 할아버지 숨이 탁 막혀 버렸습니다. 빨간 미니스커트를 입은 다방 아가씨 모습에 정신이 홀라당 뒤집혀 버렸습니다. 게다가 아가씨는 밭고랑에 슬며시 앉더니 쑥이랑 냉이 나부랭이를 캐는 모양입니다.

"으와, 소문대로 살결도 곱네."

"말하는 거 봐 살살 녹이잖여, 녹여."

이제 할아버지 눈엔 다른 건 들어오지도 않았습니다. 다방 아가씨가 움직이는 대로 눈이 돌아갔습니다. 밭고랑 매는 일은 저 멀리 달아나 버렸습니다. 그 천사다방 아가씨가 리어카 있는 곳으로 갔습니다. 그리고 중얼거립니다.

"아! 리어카 한번 타봤으면 좋겠다. 어렸을 때 아버님이 자주 태워 주셨거든요."

그때 할아버지들은 누가 먼저랄 것도 없이 리어카 있는 쪽으로 성큼 올라갔습니다.

"아가씨, 내가 태워 주지. 리어카에 올라가."

그러니까 이 아가씨, 리어카에 냅다 올라가 앉았습니다. 그리고 또 한마디 합니다.

"어렸을 때 아빠는 꽃으로 장식해서 꽃마차 만들어 주셨는데?"

으와아! 요물, 할아버지를 들었다 놨다 하는 요물!

그 말이 끝나자마자 여기저기 꽃을 꺾어서 꽃마차를 만들었습니다. 이게 무슨 꼴인지? 그런데 문제가 생겼습니다. 두 분이 서로 내가 먼저 끌겠다고 실랑이가 붙은 겁니다. 그것도 아가씨 말 한마디에 다 정리되었습니다.

"한 분은 앞에서, 다른 분은 뒤에서."

허, 참! 할아버지들은 앞뒤에서 꽃마차를 끄느라고 신바람이 났습니다. 다방 아가씨의 깔깔거리는 웃음소리에 황홀했습니다. 그러다가 그만 할아버지 한 분의 다리가 휘청했습니다. 연세를 생각하지 않고 오버하신 겁니다. 순간 리어카를 놓쳐 버렸고 아가씨는 리어카와 함께 밭고랑에 처박히고 말았습니다.

이튿날 얼굴을 몇 바늘 꿰맨 아가씨가 할아버지 집으로 쳐들어 왔습니다. 수술비 30만 원을 물어내라고 야단을 피웠습니다. 그날부터 할아버지는 할머니 얼굴을 처다볼 수 없었습니다.

"영감탱이, 나 꽃마차 태워 준 적 있어? 30만 원짜리 꽃마차 태워 쥐본 적 있냐고?"

이 말 한마디만 나오면 할아버지는 기가 죽을 수밖에 없었습니다.

이상하지요? 남자들은 눈이 잘 돌아가요. 눈이 약해요. 나이가 들어도 상관 없는가 봅니다. 그렇게 생겨 먹었나 봐요. 그래서 눈 가는 대로 끌려갔다가 패가망신하는 남자들 많지요. 특히 청소년들, 조심해야지요. 여자 분들은 연속극이나 홈쇼핑이나 백화점에 약하지요. 그것도 눈 때문이지요.

유혹이 너무 많은 세상입니다. 그런데 유혹의 대부분은 눈을 통해 들어오지요. 눈 조심해야지요.

"눈은 네 몸의 등불이라. 네 눈이 성하면 온몸이 밝을 것이요."

자꾸 잊어버리지만 지금이 최고다

"뱃속에 있을 때가 훨씬 편해요."

출산을 앞둔 초보 엄마에게 선배 엄마들이 한마디 훈수를 합니다. 그러나 몸이 무거운 예비 엄마는 곧이들리지 않는 모양입니다.

"애 낳는 순간 몸은 가벼워지지만 마음이 복잡해지지요."

고만고만한 애기 엄마들은 서로 말도 잘 통합니다. 입던 옷들도 서로 나누고 애기들 태우는 보행기는 벌써 삼 대째 대물림을 했습니다. 언젠가 어느 분이 꼬마들 한복을 그냥 드린다고 카페에 올렸더니 애기 엄마들 사이에 야단이 난 적도 있습니다. 정말이지 낳는 일보다 키우는 일이 더 힘든 게 분명합니다.

하나 키우는 것도 어려운데 쌍둥이를 키우는 애기 엄마의 고민은 얼마나 클까요? 아들딸 이란성 쌍둥이를 낳은 어느 엄마의 삶을 읽어 본 적이 있습니다.

"우당탕 쿵타타탕."

벌써 두 놈이 눈을 뜬 겁니다. 눈만 뜨면 전쟁입니다. 발을 구릅니다.

"내 꺼야! 아니야!"

달려가 보면 아무것도 아닌 것을 제 것이라고 우겨대며 눈을 부라리고 있습니다. 출산 전에 쌍둥이를 가졌다는 의사선생님의 말에 그저 설레며 지냈습니다. 오랫동안 다니던 직장도 그만두고 오직 육아를 잘하고자 공부만 했습니다. 이 책 저 책 많이 읽었습니다. 쌍둥이를 낳을 때까지는 그래도 지식과 상식만으로도 키울 수 있을 줄 알았습니다. 그러나 책 속에 있는 이야기들은 대부분 하나 키울 때의 육아 방법이었습니다.

무릎에 앉혀 놓고 책을 읽어 주라고? 아니, 아이가 둘인데? 한밤중에 깨어 울면 그냥 울리라니, 그냥 놔두면 둘 다 깨는데? 한 명이 잠들어도 다른 하나가 눈이 말똥말똥한데?

출산하기 전에 공부한 것은 모두가 꽝이었습니다. 왜 그렇게 동시에 안아 달라고 하는지, 한 명 업고 한 명 안고 한 시간 내내 서성거리기 일쑤였지요. 허리가 시큰거리고, 팔꿈치는 얼얼하고, 무엇이든지 똑같은 걸로 두 개를 사는 일은 상식이 되었습니다. 한 명이 침대에서 잔다고 하면 한 명은 바닥에서 잔다고 하고, 이상스럽게도 아들은 앉아서 쉬를 하겠다고 울고, 동생인 딸은 서서 쉬를 하겠다고 떼를 쓰고. 이렇게 어려우리라고 임신 중에는 상상할 수도 없었습니다. 한번은 화가 나서 말했습니다.

"너희들 싸워서 엄마는 집 나가 버릴 거야."

현관문을 박차고 나와 버렸는데 그때가 한겨울, 막상 나와 보니 아파트 복도는 정말 썰렁했습니다. 그렇다고 바로 들어갈 수도 없었습니다. 궁금해서 기웃거리다가 결국 집으로 들어갔는데 아들 녀석은 휴대폰을 들고 거실 한구석에 엎드려 있었습니다. 다시 소리부터 버럭 질렀습니다.

"너? 엄마가 휴대폰 갖고 장난하지 말라고 했지?"

눈이 똥그래진 아들은 뒤죽박죽인 어투로 서럽게 울어 버립니다.

"엄마, 없어졌어. 전화, 엄마 오라고, 엉엉엉."

엄마가 사라져 버렸으니 휴대폰으로 엄마를 찾으려 했던 모양입니다. 엄마 없이는 한 시도 살 수 없는 아이들입니다. 엄마를 보자마자 눈물 콧물 범벅으로 "엄마앙!" 하며 달려와 안겼습니다. 그 순간 느닷없이 미안함과 행복감이 동시에 몰려왔습니다.

'맞다. 난 행복하다. 자꾸만 잊어버리지만 나는 행복하다. 내 손은 둘이지만 나를 잡아 줄 쌍둥이 손은 네 개나 된다. 내 눈도 둘이지만 나를 빤히 쳐다보는 사랑스런 눈은 네 개나 된다. 아이들이 학교 갈 때는 가슴 벅찬 기쁨도 두 배나 되겠지. 30년 배운

것보다 쌍둥이 키우며 4년 배운 게 더 많다. 맞다. 자꾸 잊어버리지만 나는 행복한 게 틀림없다.'

잃어버린 것을 계산할 게 아니라 있는 것부터 먼저 계산하는 것은 최고의 현명함입니다. 그럼 언제나 지금이 최고의 순간이 되겠지요. 자꾸 잊어버리지만 지금이 최고입니다.

남자는 뻥이요

여자들이 모르는 것 중의 하나는 남자들은 여자들 앞에서 종종 허풍을 치고 싶을 때가 있다는 사실입니다. 나중엔 들통 나더라도 한번 뻐기고 싶은 게 남자들의 심보입니다.

어느 아가씨가 결혼을 하게 되었습니다. 넉넉한 살림도 아닌지라 결혼식장에서 신랑 손가락에 끼워 줄 선물로 금반지를 준비했습니다. 신랑도 같은 걸 준비하는 줄 알고 있었습니다. 그런데 식장에서 신랑이 내민 반지를 살펴봤더니 아니, 이게 무슨 일입니까. 다이아몬드가 박힌 반지가 아니겠습니까! 그 순간 아찔한 감동을 받았지요. 내가 결혼 하나는 잘했구나, 남자 하나는 잘 골랐구나, 눈물이 날 정도였습니다.

여자들은 이런 데 약합니다. 남자들이 알고 있어야 할 상식입니다. 그렇게 허니문 시절을 지내고 있었습니다, 어느 날인가 함께 텔레비전을 보는데 보석에 대한 상식을 설명해 주는 프로그램이었습니다. 아주 간단하게 다이아몬드가 진짜인지 가짜인지 분별하는 방법이 나왔습니다. 유성펜으로 금을 그어 보면 진짜는 반듯하게 그어지는데 가짜는 삐뚤거리며 그어진다는 겁니다. 그때 부인이 불쑥 말을 뱉었습니다.

"자기가 선물한 그 다이아 반지 있잖아? 그거 한번 시험해 볼까?"

남편이 펄펄 뜁니다.

"뭐? 나를 못 믿겠다는 거야?"

"아니, 그게 아니고 재미있잖아."

"너, 반지에 유성펜으로 금만 그으면 너에 대한 내 믿음에 금 가는 줄 알어!"

신랑은 이상하게도 버럭 소리를 질렀습니다.

텔레비전에서는 두 번째 감정 방법이 소개되고 있었습니다. 떨어뜨린 물방울이 모양을 그대로 유지하고 있으면 진짜, 또르르 굴러 떨어지면 가짜, 이거 얼마나 간단합니까?

"자기야, 한번 해 보자. 너무 쉽잖아."

"하여튼 물방울만 떨어뜨려 봐. 그럼 우리 사이 바위 떨어뜨린 거나 마찬가지야."

허걱! 신랑이 하도 펄펄거려서 그 앞에서는 그냥 넘어갔습니다. 신랑이 없을 때 다이아 반지를 꺼내서 유성펜으로 금도 그려 보고 물방울도 떨어 뜨려봤습니다. 그건 가짜가 분명했습니다. 신랑이 펄펄 뛴 까닭이 밝혀졌습니다.

'아니? 그럼 나를 속였단 말인가?'

남편을 다그쳐 보니 신부를 즐겁게 해주려고 길거리에서 파는 모조 다이아 반지를 샀다는 겁니다. 결혼반지에 뻥을 친 겁니다. 그것도 모르고 좋아했던 자신이 한심했습니다. 갑자기 실망이 밀려왔습니다.

'내가 사랑했던 사람이 이런 사람인가?'

며칠을 씩씩거렸습니다. 신랑 꼴도 보기 싫었습니다. 그러나 어쩌겠습니까? 물은 엎질러졌는데, 어쩔 수 없이 자신이 자신을 설득할 수밖에 없었습니다.

그리고 어느 순간 생각을 뒤집기 시작했지요. 내가 얼마나 좋으면 그랬을까? 나를 기쁘게 해주고 싶어서 그랬겠지, 그렇게 생각을 뒤집고 나니 가짜도 괜찮게 보이기 시작했습니다.

남자들은 좀 뻥을 치고 싶을 때가 있습니다. 뻥치는 걸 모른 척 받아 주면 괜히 좋아하는 게 남자들입니다. 남자들은 자존심 건들면 야단나는 존재들입니다. 알면서도 자존심 세워 주면 힘을 내는 묘한 존재입니다.

그래서 어느 땐 남자들을 애 같다고 하지요. 여자 분들은 그저 큰 애기, 작은 애기 키운다 생각하시면 속이 편하지요. 저요? 저도 별수 없지요. 종종 아내 앞에서 뻥치고 싶을 때가 있지요. 남자들이 뻥을 칠 때, 다 알면서도 모른 척하면서 맞장구쳐줄 줄 안다면, 그는 집을 세우는 현명한 여인임에 틀림없습니다.

오늘도 남자들은 뻥치고 싶어 합니다. 그래서 축구를 좋아하는 걸까요?

베트남 아줌마, 푸엉의 힘

　지난 한 주간 〈인간극장〉에 마음을 뺏겨서 지냈습니다. 베트남에서 우리나라에 시집 온 푸엉이라는 젊은 아줌마 때문입니다. 스물한 살에 베트남에서 지금의 남편을 만났습니다. 데이트도 하지 못했습니다. 연애할 시간이 없었습니다. 그냥 마음이 끌려서 남편을 따라왔습니다.

　서울에서 기차를 타고 목포에 도착했습니다. 거기서 배를 타고 두 시간, 끝은 어딜까 생각하면서 바닷길을 달려야 했습니다. 그리고 도착한 곳은 신의도란 섬.

　해야 할 일은 바닷물을 모아서 소금을 만드는 염전 일이었습니다. 한여름 땡볕에서 소금을 만드는 중노동입니다. 소금가마를 들어 올리는 일도 보통 힘겨운 일이 아니었습니다. 그러나 그런 건 상관없었습니다. 거기까지도 괜찮았습니다. 아이들이 넷이나 되었습니다. 친엄마가 어디로 간 모양입니다. 황당하게도 큰아들과 푸엉 아줌마의 나이 차가 열 살밖에 되지 않았습니다. 그러니 엄마로 받아 주지 않는 겁니다. 사사건건 반항하고 대들었습니다. 집안은 소금밭처럼 살벌했습니다.

그렇게 8년이 지났습니다. 〈인간극장〉은 8년이 지난 지금의 모습을 카메라에 담아내고 있었습니다. 놀랍게도 모두가 행복한 모습입니다. 아니, 행복한 정도가 아닙니다. 하나를 더 낳아서 5남매가 됐는데 모두가 엄마 편입니다. 엄마 없이 살 수 없답니다. 끌어안고 비비고 야단입니다. 아이들이 학교를 마치고 집에 돌아옵니다. 가방을 내려놓고 염전으로 달려갑니다. 엄마가 고생하니까 가만히 있을 수 없답니다. 정말 아이들을 저렇게 키울 수 있다면!

8년 동안 무슨 일이 있었을까요? 8년 전엔 누구도 내 편이 아니었는데, 이제는 5남매는 물론이고 남편, 시아버지, 시어머니, 그리고 이웃 친척 모두를 내 편으로 만든 베트남 아줌마 푸엉의 비결은 무엇일까요?

저는 그 비결을 찾으려고 일주일 내내 〈인간극장〉에 매달렸습니다. 말도 잘 통하지 않고 어색하기 짝이 없는 환경에서 어떻게 저렇게 아름다운 가정을 만들 수 있었을까요? 푸엉 아줌마의 입에서 이런 말이 나왔습니다.

"저는 누구에게나 다 잘해 주고 싶어요. 저는 모든 일을 즐거워해요."

그녀의 힘은 즐거움이었습니다. 아이들이 자신을 받아 주지 않아도 그녀는 즐거움으로 대했습니다. 그렇게 힘든 염전 일을 해도 즐거움을 잃지 않았습니다. 함께 일하고 돌아왔는데 남편이 커피 한 잔만 타 달라고 해도 푸엉은 밝게 웃으며 타 줍니다. 아니, 똑같이 일하고 왔는데, 자기는 누워서 커피 타 달라고? 눈꼬리가 돌아갈 만도 한데 그렇게 하지 않습니다.

소금 한 가마의 무게는 만만치 않습니다. 그걸 번쩍번쩍 들어서 옮깁니다. 그러면서도 힘든 내색을 하지 않습니다. 오히려 즐거워합니다. 제가 내린 결론입니다.

"어떤 어려움도, 어떤 어색함도, 어떤 마땅치 않은 상황도 즐거움 앞에서는 고개를 숙이는구나. 즐거움은 모두를 내 편으로 만드는 소리 없는 권력이구나."

지혜의 왕 솔로몬은 이미 오래전에 그 사실을 갈파했습니다.

"세상에 자기 일에 즐거워하는 것보다 더 나은 것이 없음을 보았노라."

베트남에서 온 젊은 아줌마 푸엉이 삶으로 설명하고 있는 것이 바로 그런 내용이었습니다.

"아픔도 상처도 고난도 괴로움도 그 무엇이라도 즐겁게 기뻐하면 언젠가 내 편이 되고 내게 웃음을 선물한다." 캬!

어머니 그리고 아버지

　그분은 젊은 시절 많은 방황을 했습니다. 가출을 네 번이나 해서 어머니 속을 무척 썩였습니다. 드디어 마음을 잡고 대학에 진학했습니다. 어머님이 가장 기뻐하셨습니다. 그런데 문제는 어머님의 생활입니다.

　"어머니, 제가 1년 동안 어머니 생활비를 마련해 놓고 대학엘 가겠습니다. 그래도 늦지 않습니다."

　그러나 어머님은 펄펄 뛰셨습니다.

　"무슨 말이야? 공부는 할 때 해야 한다. 내 걱정하지 말아라."

　그런가 보다 하고 대학애 들어갔습니다. 한 학기를 마치고 집에 와보니 어머님이 계시지 않습니다. 아니, 오랫동안 집을 비운 흔적이 역력했습니다. 이리저리 수소문해 보니 어처구니가 없었습니다. 어머님이 남의 집 가정부로 들어가 계셨습니다. 그땐 식모살이라고 했습니다. 정말 속이 미어졌습니다. 아들이 얼마나 못났으면 어머님이 식모살이하게 만드느냐? 자괴감으로 수소문해서 어머님을 찾아갔습니다.

　"어머니, 이거 말이 안 됩니다. 제가 어머님 생활을 책임지겠습니다. 집으로 가십시다."

그때 어머님 입에서는 놀라운 말씀이 흘러나왔습니다.

"야야, 너, 내가 식모살이 한다고 창피하냐? 그러지 말거라. 나는 아무렇지도 않다. 일하니 건강해서 좋고 너를 위해 기도할 수 있으니 얼마나 좋으냐? 나는 비록 식모살이 하지만 프라이드가 있다. 우리 아들 대학에 보낸 프라이드가 있다. 나는 프라이드 하나로 산다. 그래서 늘 즐겁고 행복하다."

그때, 아드님은 생각했습니다.

'어라? 어머님이 학교 공부도 별로 못하셨는데 영어를 다 하시네? 프라이드를 아시네!'

아들은 아무 말도 못하고 돌아섰습니다. 그리고 늘 생각했습니다. 어머님이 가지셨던 프라이드를 생각했습니다.

"프라이드로 산다. 나에겐 프라이드가 있다."

빈민촌에서 어려운 이웃들을 섬겼던 김진홍 목사님 어머님 이야기입니다.

또 한 분의 이야기입니다. 그의 아버님은 국세청을 다니셨습니다. 돈을 꽤 벌었습니다. 그러나 사업에 손을 대시면서부터 일이 꼬이기 시작했습니다. 점점 가세가 기울다가 그만 잘못되어

집안 곳곳에 빨간 딱지가 붙었습니다. 날마다 빚쟁이들이 집을 드나들었습니다. 더 가슴 아픈 것은, 얼마 전만 해도 아버님 앞에 와서 굽실거리던 사람들이 이제는 삿대질을 하며 아버지를 무시하는 모습이었습니다.

'아버님이 얼마나 괴로우실까?'

혼자 창문을 바라보시는 아버님을 멀리서 뵐 때마다 마음이 무너졌습니다.

그러던 어느 날 아버지가 부르셨습니다.

"승룡아. 사람들이 우리 집이 망했다고 하지? 아버지가 실패했다고 수군거리지? 우리 집에 돈 꿔주는 사람은 미친 사람이라고 그러지?"

그는 아무 말도 할 수 없었습니다.

그때 아버지 입에서 놀라운 말씀이 흘러나왔습니다.

"승룡아. 그동안 나는 돈 버는 재미로 살아왔지. 그런데 이제부터는 빚 갚는 재미로 살 거다."

그리고 8년 동안 죽을힘을 다해 일하셔서 모든 빚을 갚고 홀홀 하늘나라로 가셨습니다. 그분이 민들레 영토라는 카페로 유명한 지승룡 사장의 아버지입니다.

"돈 버는 재미만 재미가 아니라 빚 갚는 재미도 재미다."

어머님, 아버님이 그리워지는 계절입니다. 그분들이 남겨 주신 숨결과 교훈들을 되새겨 봅니다. 우리 안에 살아 숨 쉬고 있는 부모님의 체취를 맡아 봅니다.

'그랬었구나. 그랬었구나.'

이제야 느낄 수 있는 그분들의 고독이 있습니다. 이제야 눈치챌 수 있는 상처가 있습니다.

'아하, 그분들 나름대로 프라이드가 있었겠구나. 가난과 각박함 속에서도 또 다른 즐거움을 품고 계셨겠구나.'

명절은 지났어도 그리움은 남아 있습니다.

옛 추억이 들썩이는 까닭은

어느 책에서 읽었습니다. 그녀의 고등학교 시절 이야기였습니다.

국어 시간입니다. 아, 지겹습니다. 선생님이 무서워서 꼼짝 못

하고 있지만 생각은 엉뚱한 곳에 가 있었습니다. 너무 따분합니다. 쪽지 하나를 꺼냈습니다. 선생님의 눈을 피해 가며 빽빽하게 뭔가를 적었습니다. 적으면서도 "킥" 하는 웃음이 나오기도 했습니다. 이제 다 적었다고 생각했습니다. 그리고 그 쪽지를 접어서 옆 분단에 있는 친구에게 넘겨주어야겠다고 생각했습니다.

그런데 이게 웬일입니까? 쪽지를 건네주려는 순간, 그 무서운 국어 선생님이 바로 뒤에 떡 버티고 계셨습니다.

"뭐야?"

아이고, 이제는 죽었구나 했습니다. 쪽지를 만드는 일에 너무 열중하다 보니 선생님이 가까이 오시는 것을 눈치 채지 못했던 것입니다. 다행히도 선생님은 꿀밤 하나 콱 주시고는 쪽지만 가져가셨습니다. 그러나 그 쪽지에 적힌 글을 생각하니 얼굴이 화끈거려서 견딜 수가 없었습니다.

'아, 어쩌나?'

선생님은 쪽지를 책갈피에 끼워 넣으시더니 그대로 수업을 진행하셨습니다. 일단 안도했지만 마음은 안절부절이었습니다. 수업이 끝나갈 무렵, 선생님이 한마디 하셨습니다.

"어디? 순영이가 국어 시간에 무슨 글짓기를 그렇게 열중해서 했는지 읽어 볼까? 어, 어디 보자."

하이고! 이제 죽었습니다. 선생님은 목소리까지 가다듬으면서 쪽지에 적힌 내용을 그대로 읽어 내려가셨습니다. 오금이 저려오고 간은 졸아들었습니다.

"미영이에게, 안녕? 국어 시간은 언제 들어도 지겹구나. 하지만 넌 열심히 칠판만 보고 있군. 설마 눈 뜨고 졸고 있는 건 아니겠지? 그래, 나처럼 딴 짓하지 말고 열심히 해라. 두리번두리번, 소중한 시간에 수란이처럼 소설책 읽지 말고, 선희처럼 무서운 칼로 장난치지 말고, 종숙이처럼 딴 생각하지 말고. 어쨌든 너만이라도 열심히 하라고. 친구를 위하는 내 기특한 마음은 정말 본받을 만하지 않냐? 더 쓰고 싶지만 튀기기 눈빛이 심상치 않아, 이만 마쳐야겠다 여기서 튀기기란 지금 막 떠오른 국어 선생님 별명, 수업 중에 튀기는 침의 양이 어마어마하잖니. 으하하하. 히히히."

선생님이 쪽지를 다 읽으시는 순간, 교실 안은 웃음바다가 되어버렸습니다. 정말 그녀는 쥐구멍이 필요했습니다.

"쪽지에 나오는 순영이, 수란이, 진희, 선희, 종숙이, 지금 당장 교무실로 따라오도록, 오늘은 이상."

이거 참, 괜히 나 때문에 교무실로 끌려가는 친구들 얼굴을 쳐다볼 수가 없었습니다.

"선생님, 전부 제 잘못이니, 저만 혼날게요."

물끄러미 쳐다보시던 선생님이 입을 여셨습니다.

"그래, 이번만 그냥 넘어간다. 앞으로 절대 딴 짓하지 말거라. 어서 가서 다음 수업 준비해."

그날 이후, 국어 시간엔 절대로 딴 짓을 할 수가 없었다고 합니다.

저도 문득 학창 시절이 생각납니다. 수업 시간들이 슬금거리며 올라옵니다. 음료수 한 병 교탁에 갖다 놔야 아무 탈 없이 지나갔던 윤리 선생님, 말끝마다 "에, 에, 에, 쿵쿵" 해서 수업은 하지 않고 바를 '정' 자로 몇 번이나 쿵쿵거리는지 기록하게 했던 선생님, 수업이 끝나면 "마흔다섯 번이야", "아니야 쉰 번이야" 했습니다.

초등학교 1학년 때 선생님은 여자 선생님이셨습니다. 저 보고 나와서 노래를 불러 보라고, 시도 때도 없이 부담스럽게 했던 분도 생각납니다. 어린 시절엔 제가 노래를 좀 불렀나 봅니다.

5학년 땐 아버님 제자 분이 담임이셨는데, 급식으로 나오는 옥수수 빵을 다른 아이들 몰래 두 개 더 챙겨 주시던 일도 기억납니다.

웬일일까요? 옛일이 자꾸만 들썩이는 까닭은? 아하! 귀뚜라미 소리 듣고 알았습니다. 벌써 가을이잖아요. 영화 제목에도 있지요? 〈9월이 오면〉.

여름은 똑똑합니다. 가을에게 져줄 줄 알고, 물러갈 줄 아니까요. 아침저녁, 참 바람이 맛있습니다!

아빠! 저 이만 원 있어요

늦은 저녁입니다.

퇴근 후 신문을 뒤적이던 아버지에게 열 살 난 아들이 묻습니다.

"아빠, 아빠는 한 시간에 돈을 얼마나 벌어요?"

"뭐? 그건 왜?"

"그냥 알고 싶어서요."

"그런 건 네가 몰라도 돼."

"그래도요, 궁금해요. 말씀해 주시면 안 돼요?"

"네가 정 알고 싶다면 한 시간에 만원쯤?"

"아……."

아들은 고개를 숙였습니다. 그리고 뜬금없는 말을 꺼냈습니다.

"아빠!"

"왜, 또?"

"저에게 만 원만 빌려 주시면 안 돼요?"

"뭐? 너 오늘 왜 그러냐? 뭐 하려고? 장난감 사려고? 쓸데없는 소리하지 말고 가서 숙제나 해."

언성이 높아진 것으로 보아 아버지는 좀 화가 난 것 같았습니다. 아들은 말없이 방으로 가서 문을 닫았습니다. 신문을 덮어 놓던 아버지는 어린 아들에게 너무 심했다는 생각이 들었습니다.

'이 녀석이, 뭔가 꼭 살 게 있는가? 평소에 용돈 타령을 하던 아이도 아닌데. 내가 너무 심했나?'

마음에 걸려서 아들의 방으로 가서 살그머니 문을 열었습니다.

"자니?"

"아니요."

"아빠가 너무 심했던 것 같구나. 오늘은 회사에서 좀 힘든 일들이 있었단다. 그래, 여기 있다. 네가 달라던 만 원이다."

"아빠, 고맙습니다."

"그래, 이걸로 뭘 하려고 그러니?"

그때 아들은 베개 아래에서 꼬깃꼬깃한 지폐 한 장을 더 꺼내는 것이었습니다.

그러니까 아들 손에는 모두 이만 원이 들려 있었습니다. 아들은 잠시 그 돈을 내려다보더니 아버지에게 이렇게 말했습니다.

"아빠, 저 이젠 이만 원이 있어요. 이걸로 아빠의 시간을 두 시간만 살 수 있을까요?"

"뭐?"

"아빠, 내일은 조금만 일찍 들어와 주세요. 아빠랑 저녁 식사를 같이 하고 싶어요."

아이는 이만 원으로 아빠와 함께하는 시간을 사고 싶었던 겁니다. 아빠와 밥을 먹고 싶었습니다.

제가 저녁이면 종종 볼 수 있는 장면입니다. 애기 엄마는 떡볶이 가게 앞 빨간 플라스틱 의자에 앉아서 누군가를 기다립니다. 드디어 태권도 도장에서 나오는 아들을 만납니다.

"뭐, 먹을래?"

"닭강정."

엄마는 달달한 닭강정을 사서 아이 손에 건네줍니다. 아이가 먹는 모습을 엄마는 무덤덤하게 쳐다봅니다. 그게 아이의 저녁 식사입니다. 길거리에서 저녁을 해결한 아이에게 말합니다.

"너, 늦지 말고 영어학원 가."

아이는 고개를 끄덕입니다. 아들이 자리를 뜨자 조금 후에 키가 큰 딸아이가 나타납니다. 익숙한 일입니다.

"너는 뭐 먹을래?"

"어묵!"

엄마는 어묵을 사서 딸아이에게 건네줍니다. 아이는 배가 고픈지 정신없이 먹습니다. 다 먹어갈 무렵 역시 엄마가 한마디 합니다.

"수학 학원 늦지 마. 그리고 끝난 다음 곧바로 집으로 와야 해?"

딸아이 역시 고개를 끄덕입니다. 아이가 자리를 뜨자, 엄마는 떡볶이 1인분을 시켜서 들고 일어섭니다. 그건 본인의 저녁 식사일까요?

제 눈에는 애기 엄마가 앉았던 빨간 플라스틱 의자가 쓸쓸해 보입니다. 길거리에서 아들과 딸의 저녁 식사를 해결한 엄마의 뒷모습이 허전해 보입니다.

어떻게 사는 게 잘 사는 걸까요? 한 가족이 저녁이면 단란하게 모여 앉아 도란거리며 식사하는 모습이 그리워집니다. 편리하게 사는 게 잘 사는 건 아닌 듯합니다.

유대인들의 힘은 밥상머리 교육에 있다는 이야기를 읽었습니다. 미국 어느 대학에서는 가족과 함께 식사하기 운동을 벌인다는 소문도 들립니다. 그것보다 더 좋은 자녀교육은 없다는 연구 결과입니다.

식구食口란 한 집에 살면서 함께 밥 먹는 사람이라는 뜻입니다. 아니, 밥만 먹는 게 아닙니다. 사랑도 먹고 마음도 먹는 일입니다.

우리 함께 밥 먹읍시다. 더 늦기 전에!

아빠, 삐졌지?

느낌 아니까!

1.

그 옛날, 시골 학교를 다니던 아이들에겐 요상한 숙제들이 있었습니다. 파리 잡아 성냥 곽에 넣어 오기, 쥐 잡고 쥐꼬리 10개 가져오기, 피마자 열매 한 봉투, 풀씨 한 봉투, 속옷으로 걸레 만들어 오기, 싸리비 만들어 오기 등등. 그 중에서도 빠지지 않는 것이 '말린 풀 한 아름 가져오기'였습니다.

어느 책에서 읽었습니다.

그녀는 아버지가 돌아가시고 할아버지와 함께 살았습니다. 무뚝뚝한 할아버지셨습니다. 큰아들인 아버지를 잃으신 이후로는 할아버지는 아예 입을 닫아 버리고 말았습니다.

어느 날, 심각한 고민이 생겼습니다.

학교에서 선생님이 말린 풀을 한 아름씩 가져오라는 숙제를 내신 겁니다. 정말 한숨이 나왔습니다. 집에 말린 풀이 있는 것도 아니고 그렇다고 도시에서 살다가 느닷없이 할아버지 집에 얹혀살아야 했기 때문에 낫을 사용할 줄도 몰랐습니다. 한참을 머뭇거리다가 입을 열었습니다.

"저, 할아버지. 학교에서 말린 풀 가져오래요."

소여물을 쑤는 할아버지 등 뒤에 대고 작은 소리로 중얼거렸습니다. 할아버지는 역시 소처럼 아무런 반응도 보이지 않으셨습니다. 말린 풀을 가져가야 하는 날, 힘없이 터덜터덜 학교로 향했습니다. 벌써 교문 앞은 시끌벅적했습니다. 아이들은 말린 풀을 한 아름씩 가져왔고 학생주임 선생님은 저울에 달고 있었습니다. 그 옆에는 학생부 언니가 무게와 이름을 적고 있었습니다.

그러나 그녀는 빈손이었습니다. 이미 고개를 숙이고 벌을 설 각오를 했습니다. 한숨이 터졌습니다. 그런데 그때였습니다.

"저기 좀 봐라! 으와!"

말린 풀을 들고 서 있던 아이들이 일제히 탄성을 질렀습니다. 그녀도 무심코 눈을 돌렸습니다. 아니! 할아버지가? 눈을 의심해야 했습니다. 그랬습니다. 거긴 그렇게 무뚝뚝한 할아버지가 지게에 말린 풀을 잔뜩 지고 계셨습니다. 그리고 그녀를 가리키며 말씀하셨습니다.

"저 아가 우리 손녑니다. 이거 저 아 꺼, 몇 근인지 달아 주이소."

할아버지! 세월이 지나도 그 눈빛을 잊을 수 없습니다. 정신없이 풀을 베시고, 지게에 지고 그 먼 길을 가쁜 숨을 몰아쉬며

오셨던 그 모습, 그리고 손녀인 자신을 바라보던 할아버지의 그 선한 눈빛이 지금도 그녀를 놓지 않습니다. 부엉이 울면 할아버지가 자꾸만 그리워집니다. 할아버지는 느낌으로 알고 계셨던 겁니다.

2.

어머니가 아들에게 물었습니다.

"어제 학교 다녀왔니?"

"갔어요."

"엄마한테 거짓말 할래?"

"정말 학교 갔다니까요!"

"오늘은 엄마랑 가자."

그리고 모자가 손을 잡고 대문을 나서는 모습이 보였습니다. 학교 앞에서 아들을 들여보낸 어머니가 뒤돌아서면서 가방에서 지팡이를 꺼냈습니다. 그 아주머니는 앞을 볼 수 없는 분이셨습니다. 그를 지켜보던 분이 다가가 부축해드리면서 말을 걸었습니다. 아들이 요즘 친구들과 어울리느라 학교를 자꾸 빼먹는다고 했습니다. 어머니가 앞을 볼 수 없으니까 자꾸만 속인다는 겁니다.

"아니? 앞을 볼 수 없는데 아들이 학교에 가지 않는 걸 어떻게 아세요?"

"눈이 안 보여도 다 압니다. 느낌으로 알고 냄새로 알지요. 학교 다녀 온 날은 아들 몸에서 나무 냄새, 분필 냄새, 점심에 먹은 도시락 냄새가 나요. 학교를 가지 않은 날에는 담배 냄새, 매연 냄새가 나지요. 매일 맡는 아들 냄새를 어떻게 모르겠어요? 이 세상 엄마는 다 안답니다. 느낌으로요."

아! 그런 건가요? 정말 어머니는 다 아시는가 봅니다.

저도 공주에서 대학을 다닐 때, 밤새 이질에 걸려서 화장실을 오가고 아침엔 탈진 상태로 비몽사몽이었는데, 갑자기 어머님이 나타나셨어요. 휴대전화도 없던 시절입니다. 꿈에 제가 보였다 나요?

사랑하면 다 압니다. 느낌으로 압니다. 요즘 유행어처럼 '느낌 아니까!'

여름이 보기보다 뚝뚝한 이유

한 아가씨의 고민입니다.

직장 때문에 생전 처음 부모님 곁을 떠나야 할 처지가 되었습니다. 차마 떨어지지 않는 발걸음입니다. 부모님이 쓸쓸해하실까 봐 그러는 게 아닙니다. 먹고사는 문제도 아닙니다. 오직 하나, 부부싸움 때문입니다. 두 분은 자주 싸우십니다. 문제는 싸우시면 서로 굽힐 생각을 하지 않는 것입니다. 중간에 따님이 끼어들어서 화해를 시켜야 풀어지는 분들입니다. 싸우는 이유는 늘 아무것도 아닌 것들입니다. 그런데 험악한 말을 던지고 받고 하면서 심각해집니다. 집안이 썰렁해지면 어쩔 수 없이 따님이 끼어들어야 합니다. 그동안은 따님이 곁에서 그렇게 화해를 시켰는데 이제 집 떠나면 두 분이서 어찌 할 것인가?

부모님은 고등학교 때 눈이 맞아서 교제하기 시작했다고 합니다. 그런데 그때도 만나면 늘 싸웠다고 합니다. 결혼 후에도 그 버릇은 조금도 나아지지 않았습니다. 그래도 애는 잘도 낳으셨지요. 신기한 일입니다.

어쩔 수 없이 걱정을 품고 집을 떠났습니다. 이튿날 당장 엄마에게서 전화가 왔습니다.

"선희야, 니 아빠하고는 도저히 못 살겠다."

또 시작되신 겁니다. 엄마의 한숨 소리가 희미해지는가 싶더니 아버님이 전화기를 낚아채는 것 같았습니다.

"애, 내 얘기 들어 봐라. 니 엄마가 땅콩만 하잖아. 그러니 잘 안 보여!"

아! 부부싸움의 이유는 이랬습니다. 두 분이 시장에 가려고 트럭에 올랐습니다. 운전은 물론 아버님 몫입니다. 그런데 갑자기 어머님이 지갑을 놓고 와서 그걸 가지러 갔는데 아버님은 깜빡하시고 그냥 출발해 버린 겁니다.

"나는 니 엄마가 차 안에 있는 줄 알았지. 니 엄마가 원래 땅콩만 하니 보일 턱이 있냐?"

어머님이 다시 전화를 채뜨렸습니다.

"야, 니가 판단해 봐라. 나를 내려놓고 그냥 획 달아나는 사람이 어딨냐? 엉?"

그래서 할 수 없이 따님이 이랬습니다.

"엄마, 엄마가 참아. 아빠가 늘 그러시잖아."

그런데 이게 아빠 귀에 들린 모양입니다. 전화기 잡음이 들리더니 아버님 음성입니다.

아빠, 삐졌지?

"너 그럴 수 있냐? 너 누구 편이냐? 너 어렸을 때 열이 펄펄 나는데 내가 업고 병원까지 뛰어 갔는데, 너 누구 편이냐? 서운하다."

"아빠, 그런 게 아니고."

"그런 게 아니면 너 그럴 수 있냐?"

"아빠, 엄마가 좀 덜렁거리시잖아요. 아빠가 참아요."

아차! 실수했습니다. 그 말 떨어지기 무섭게 이번엔 엄마가 전화기를 잡아채신 모양입니다. 양재기 깨지는 음성이 들렸습니다.

"야아아? 뭐? 내가 덜, 덜렁거려? 너 정말 누구 편이냐? 누구 뱃속에서 나왔는데?"

이런 전화가 시도 때도 없이 걸려옵니다.

한번은 장을 보고 온 어머님이 장바구니를 어디다 놓고 오신 모양인데 그걸 두고 또 한판 붙으셨어요. 여지없이 전화가 걸려왔지요. 이번에는 어머님이 좀 꿀리셨습니다. 그러나 어머님에게는 꿀릴 때마다 꺼내 드는 비장의 무기가 있습니다. 어머님이 아버님보다 한 살 위거든요. 그래서 좀 궁지에 몰리는가 싶으면 이러신답니다.

"법대로 해. 법대로, 호적대로 하자구. 내가 누나야!"

그렇게 싸우면서도 한 지붕 아래 사시는 걸 보면 보면 부부란 게 참 묘하다는 생각입니다.

져 주면 간단해집니다. 이기는 게 먼저가 아니고 지는 게 먼저입니다. 져 주는 비결을 터득하면 인생은 훨씬 수월해집니다.

말로 이기려 들지 말구요. 그냥 져 줘요. 제발!

아이들이 걸음마를 할 때에도 넘어지는 것이 먼저입니다. 차를 운전할 때에도 멈추는 실력이 우선입니다. 져 주면서도 빙글빙글 웃을 수 있다면!

무더위가 기승을 부려도 그 무더위가 슬쩍 물러서는 날이 오겠지요? 여름은 그걸 알고 있을 테니까요. 저렇게 이글거리는 여름도 보기보다는 똑똑합니다. 가을이 저만치 오는 눈치가 보이면 순순히 고개를 숙이니까요.

아빠, 삐졌지?

톡톡톡? 톡톡!

일흔이 넘은 할아버지와 할머니가 계셨습니다. 아주 금슬이 좋은 분들입니다. 어느 날 갑자기 할머니가 뇌졸중으로 쓰러지셨습니다. 중환자실에 입원했는데 인사불성입니다. 눈도 뜨지 못하고 말도 못합니다. 할아버지는 애가 탑니다. 뭔가 해줄 일이 없습니다. 그저 한숨만 쉴 뿐입니다. 그런데 면회 시간에 할머니 손을 잡아 보다가 머리에 반짝 하는 생각이 떠올랐습니다.

'혹시? 신호를 느낄까?'

그리고 병원에서는 절망이라고 하는 할머니 손등에 "톡톡톡" 신호를 보냈습니다. 아! 이게 웬일입니까? 할머니 검지가 두 번 까딱까딱 하는 겁니다.

"으와! 살아 있네!"

두 분이 건강하실 때 젊은이들이 서로 사랑한다는 표현을 자주 하는 걸 보고 부러워했습니다. 그러나 아무리 노력하려 해도 부부가 평생 하지 않던 말을 한다는 게 어색했습니다. 그래서 신호로 주고받기로 약속을 했습니다. 할아버지가 할머니 손등에 대고 "사랑해"란 의미로 "톡톡톡" 두들기면 할머니는 그 대답으로 할아버지 손에 대고 "나도"라는 의미로 "톡톡" 신호를 보내는 겁니다. 그러니까 종종 "톡톡톡사랑해", "톡톡나도" 하면서 나름대로 사랑을 표현했습니다. 그런데 중환자실에서 눈도 뜨지 못하고 말도 못하는 할머니 손에 "톡톡톡" 했더니 할머니 손가락이 까딱까딱 두 번 흔들린 것입니다. 그때부터 할아버지는 하루에도 수백 번씩 할머니 손등을 두들겼습니다. 그때마다 할머니 손가락은 여전히 두 번 까딱거렸습니다.

그렇게 며칠이 지났습니다. 놀라운 일이 벌어졌습니다. 병원에서 절망적이라던 할머니가 눈을 뜨기 시작하신 겁니다. 서서히 건강이 회복되기 시작한 것입니다. 오직, 톡톡톡, 톡톡, 사랑법으로 말입니다.

사랑은 힘이고, 사랑은 능력입니다. 사랑은 사람을 살리는 신비한 힘을 품고 있음이 틀림없습니다. 사랑을 먹어야 힘이 나는 게 인생입니다.

이런 글도 읽어 보았습니다.

아흔이 된 할아버지가 홀로 쓸쓸한 여생을 보내고 계셨습니다. 아무런 낙이 없었습니다. 세월만 축내고 있던 어느 날 느닷없이 서울에 살던 아들이 손자를 데리고 내려왔습니다. 밑도 끝도 없이 좀 봐달라고, 사정이 좋아지면 다시 오겠노라고 한마디한 뒤 홀렁 서울로 가버렸습니다.

그날부터 아흔 노인이 손자를 위하여 밥을 짓고 빨래를 해야 했습니다. 처음엔 힘겨웠는데 점점 할아버지 눈에서 힘이 나고 빛이 나기 시작합니다. 사랑할 대상이 생겼으니까요. 손자를 위하여 밥을 지을 뿐 아니라 텃밭에 이것저것 푸성귀도 심고, 그것을 장에 갖다 팔기도 했습니다. 손자가 학교 갈 생각을 미리 해 두고 돈을 벌어 저축도 해야겠다고 생각하신 것입니다.

그렇게 3년이 흘렀습니다. 손자는 무럭무럭 자랐고 아흔세 살이 된 할아버지는 그렇게 정정하실 수가 없었습니다. 그런데 또 어느 날 서울 아들이 내려왔습니다. 3년 만에 내려 와서 봉투 하나를 놓고, 이제 살 만해졌다며 손자를 데리고 서울로 가버렸습니다. 그날부터 할아버지는 누워만 계셨습니다. 때가 되어도 밥 지을 생각을 하지 않았습니다. 그리고 두 주 후 할아버지는 세상을 뜨고 말았습니다.

사랑할 대상이 있는가? 아니, 사랑할 대상을 만들고 있는가? 사랑할 대상은 마음을 쏟고 정성을 쏟고 사랑할 대상으로 만들어야 사랑스러워지는 법입니다.

고독하다고? 쓸쓸하다고? 외롭다고? 우울하다고? 그렇다면 누군가, 무엇인가 사랑할 대상을 찾고 사랑할 대상으로 만들어 갈 필요가 있습니다. 인생은 누군가를 사랑하며 사랑을 주고 내가 그 사랑을 먹어야 살맛이 나기 때문입니다.

어제도 평생 무뚝뚝하던 아내가 제 옆구리를 "톡톡톡" 치는 겁니다. 어? 사랑해? 아! 그래서 저도 "톡톡" 해주고 한바탕 배꼽을 잡았습니다.

거울 보고 꼭 할 말

어느 새댁은 늘 생각했습니다.

'아니, 어떻게 살면 부부싸움을 하지?'

적어도 결혼 3년째가 될 때까지 그랬습니다. 싸울 일이 뭐가 있을까? 이렇게 깨가 쏟아지는데, 도대체 옆집은 왜 시도 때도 없이 부부싸움을 하는지 이해가 되지 않았습니다.

그런데 드디어 그녀도 부부싸움 하는 까닭을 알게 되었습니다. 별것도 아닌 일이었습니다. 남편이 요즈음 퇴근하면 소파에 누워 꼼짝하지 않는 겁니다. 텔레비전 리모컨만 붙들고 오락가락하는 겁니다. 게다가 양말을 벗어서 아무데나 던져 놓는데 보통 신경 거슬리는 것이 아닙니다. 짜증이 났습니다. 그래서 한마디 했습니다.

"자기야. 양말 좀 잘 벗어 놔라. 뒤집지 말고 제대로 벗어 놔라."

평소 하던 대로 한마디 했습니다. 그런데 그렇게 순하던 남편이 그날은 팽하는 겁니다.

"나 좀 그냥 놔둬. 내 집에 들어 와서 내 양말 내 맘대로 벗지도 못해?"

하! 이상합니다. 기분이 썰렁합니다.

"아니, 자기 왜 그래? 내 말이 기분 나빠?"

일은 이렇게 시작됐습니다. 양말 쪼가리 때문에 시작된 말꼬리가 질질 이어지기 시작했습니다. 남편은 직장생활이 얼마나 어려운지 아느냐? 그러면 새댁은 나는 집안에서 노는 줄 아느냐? 티격태격 하기 시작했습니다.

'이러면 안 되는데? 여기서 끝내야 하는데?'

그러나 생각만 모락모락 할 뿐, 남편 하는 꼬락서니를 보면 참을 수가 없었습니다. 좀 거친 말이 오가기 시작했습니다. 갑자기 소파에 누워 있던 남편이 리모컨을 내동댕이치더니 옷을 걸치고 나가 버리는 겁니다.

'아니, 세상에. 이럴 수가?'

새댁은 가슴이 무너지고 인생도 무너지고 보이는 것은 죄다 무너지는 것 같았습니다. 처음 부부싸움을 한 충격이 엄청났습니다.

'그래? 집을 나가? 좋다, 좋아.'

새댁은 5층 옥상으로 올라갔습니다. 저 아래를 내려다보니 두려움이 확 밀려 왔습니다. 뛰어내리다가 다리만 부러지면 나만 고생할 텐데, 다시 집으로 들어왔습니다. 남편 허리띠가 눈에 확 들어 왔습니다. 제정신이 아니었습니다. 목에 걸고 한쪽은 목욕탕 가름대에 걸쳤습니다. 그리고 매달렸는데 이게 웬일입니까? 가름대가 우지끈하고 부러지고 말았습니다. 새댁 얘기로는 체중이 70킬로그램 조금 못 나간다고, 그리 무거운 편은 아니라고 하는데 가름대는 두 동강이 났습니다. 그런데 문제는 목을 휘감은 허리띠입니다. 풀려고 애를 써도 웬일인지 풀리지 않았습니다.

참고로 요즈음 남자들 허리띠 중에 자동 벨트가 있어서 버튼을 눌러야 풀리게 되어 있는데 그걸 몰랐던 겁니다. 목은 조여 오고 한참 실랑이를 하는데 남편 들어오는 인기척이 났습니다.

하이고, 목에다 허리띠를 휘감고 있는 모습을 어떻게 보여 줍니까? 이불을 확 뒤집어쓰썼습니다.

아마도 남편이 미안했던 모양입니다. 부인을 불렀습니다.

"자기야, 미안해. 내가 잘못했어!"

이렇게 금세 사과를 하니 대단한 남편입니다. 누군가 먼저 그래야지요. 그래도 새댁은 허리띠를 목에 감은 모습으로 나갈 수가 없었습니다. 땀이 비 오듯 했습니다. 남편이 참다못해 이불을 확 제꼈습니다.

"아니, 자기 왜 그래?"

"보면 몰라. 벨트 빨리 풀지 못해?"

하이고, 벨트 풀어 주는 남편 손끝이 떨리는 것을 보고는 이 사람이 정말 내 사람이라는 느낌이 확 풍겨왔습니다. 슬슬 싸워야지.

그리고 허리띠는 허리에 매야지, 목에 매는 게 아니란 것을 실감했습니다.

어떤 아가씨가 마음에 들지 않는 남자와 선을 봤습니다. 얼굴도 그렇고 직장도 그렇고 배경도 그렇고 무엇 하나 마음에 드는 구석이 없었습니다. 그런데 그 남자와 결혼을 했습니다.

이유는 오직 하나, 마음에도 없는 데이트를 마치고 택시를 잡았는데 그 후 반전이 된 것입니다. 택시 기사님에게 차비를 쥐어 드리며 그가 또박또박 이렇게 말했습니다.

"기사님, 이 아가씨는 저에게 최고로 소중한 존재입니다. 잘 부탁드립니다."

최고로 소중한 존재, 크아악! 이 말에 뿅 갔습니다. 마술에 걸렸습니다. 빠져 나가지 못했습니다.

그 남자의 부족함을 채우고 남았던 그 말, "당신은 최고로 소중한 존재입니다". 서로 종종 주고받을 말이기도 합니다. 거울 보고 내가 나에게 꼭 할 말이기도 합니다.

제발 벗지 마

참 안타까운 어느 부인의 이야기입니다. 방송 듣는 사람은 배꼽 빠질 이야기입니다. 처음엔 참 좋은 남편을 만났다고 생각했습니다. 직장도 든든하고 성격도 원만하고 속상하게 하는 일도 없고, 남편 때문에 속 터져 하는 친구들 이야기를 들으면, 내 남편은 괜찮은 사람이구나 하고 생각하면서 좋아했습니다.

그런데 결혼 생활 5년이 지난 어느 날, 그 환상은 산산조각 나고 말았습니다. 남편이 퇴근할 시간을 훌쩍 넘겼습니다. 직장에 바쁜 일이 있을 거라고 생각하고 있었습니다. 이 정도 늦는 것은 다반사였으니까요. 그런데 밤 10시가 훨씬 넘은 시간인데 전화벨이 울렸습니다.

"사모님, 얼른 회사로 오셔야겠는데요?"

"아니, 왜요? 무슨 일 있어요?"

"아니, 뭐 큰일은 아니고 어쨌든 와 보시면 압니다. 얼른 오세요."

회사 빌딩에서 일하는 아저씨 전화였습니다.

'큰일은 아닌데 얼른 와야 한다?'

도대체 남편에게 무슨 일이 일어났다는 것인지 그저 발걸음을 재촉했습니다. 아! 그런데 회사 빌딩 앞에 도착했을 때 그녀는 도저히 믿기지 않는 현장을 목격해야 했습니다. 누군가 회사 빌딩 옆 화단 근처에 널브러져 자고 있었습니다. 그것도 팬티만 걸친 알몸이었습니다. 부인은 속으로 외쳤습니다.

'아니야, 그럴 리가 없어. 내 남편 아니야.'

그러나 털 숭숭거리는 다리 알통을 봐도, 숨 쉬느라 오르락내리락 하는 저 배꼽 주변의 쿨렁거리는 뱃살을 봐도 그건 영락없는 남편 것이었습니다.

"여보오, 일어나요. 이게 뭐야?"

그러나 꿈쩍도 하지 않았습니다. 지나가는 사람들이 힐끔거려서 우선 신문지 몇 장을 구해다가 덮어 놓았습니다. 참 처량했습니다. 급한 대로 시동생을 전화로 불렀습니다. 달려온 시동생은 별일 아니란 듯 말했습니다.

"가끔 벗어요."

시동생은 짜증나는 듯이 한마디 뱉었습니다.

'아니, 그러면 이게 습관성이란 말인가?'

그랬습니다. 술만 마시면 벗어대는 일은 남편의 오랜 습관이었습니다. 결혼하고 얼마 동안은 조심했던 모양인데, 그 후로는 술만 마시면 시도 때도 없이 벗어댔습니다. 정말 환장할 노릇이었습니다. 한의원에서는 열 체질이라 그렇다고 한약을 좀 먹어보라고 했지만 말짱 헛수고였습니다.

어느 날은 아파트 문 밖에서 죽어가는 소리가 들렸습니다.

"여보오, 문 열어, 빨리 열어."

황급히 문을 열자마자 하얀색 팬티만 걸친 알몸 남편이 축 늘어져 있습니다. 누가 볼까 봐 급히 질질질 개 끌듯 끌어들이는데, 한심하기 이를 데 없었습니다. 거실로 옮기자마자 그냥 코를 골았습니다. 이튿날은 시치미를 뚝 뗐습니다.

며칠 후 반상회가 열렸는데 심각한 이야기들이 오갔습니다. 방범대원을 조직해서 운영해야겠다는 이야기입니다. 요즈음 알몸으로 한밤중에 아파트 근처를 배회하는 이상한 놈 때문에 무섭다는 겁니다. 반상회를 마치고 집에 돌아와서 남편에게 따발총을 쏘아댔습니다. 남편은 심각한 표정으로 한숨을 쉬더니 한마디 했습니다.

"복덕방에 집 내놔."

그 후로 한동안 잠잠했습니다. 다음 반상회에 나갔더니 요즈음은 알몸으로 밤중에 날뛰는 놈이 사라져 버렸다고, 방범대원 조직은 없던 일도 하자는 이야기가 있었습니다.

하이고, 반상회 나갈 때마다 오금이 저렸습니다. 그래도 그 부인은 그럭저럭 잘 살고 있다고 했습니다. 처음부터 사랑하기로 하고 결혼했으니까요.

언젠가 철이 들겠지요. 마무리를 이렇게 했습니다.

"서울 마포 근처 지나는 분들에게 부탁드립니다. 혹시 알몸으로 길바닥에 쓰러져 있는 사람을 보시거든 불쌍히 여기셔서 신문지 한 장 덮어 주시고 연락 주시면 그저 엎드려 감사드리겠습니다."

세상엔 고민 색깔도 가지가지입니다. 나만 못 견딜 고민이 있는 것이 아닙니다. 세상 사람들 다 그렇고 그런 고민 속에 살아갑니다. 다만 그 고민의 무게를 어떻게 느끼느냐가 중요하겠지요. 고민이 다가와도 가볍게 넘어가는 훈련이 필요하겠지요. 세월이 약이니까요.

무거운 것도 가볍게! 그러면 무더운 여름도 훌렁 지나갈 걸요!

우선 미안함으로

1.

그녀는 초등학교에서 아이들을 가르치는 선생님입니다. 문득

13년 전, 처음 교직에 들어섰을 때의 일이 생각났습니다. 출근하다 교통사고를 당해서 눈을 다치고 말았습니다. 응급실에 누워 있는 그에게 의사선생님은 심각한 진단을 내렸습니다.

"수술해도 정상으로 돌아올지 장담할 수 없습니다."

그 말에 가장 큰 충격을 받은 분은 그녀의 아버님이었습니다. 사랑하는 딸의 눈이 어떻게 될 수도 있다는 얘기는 청천벽력이었습니다.

그 후로 그녀의 아버님은 한쪽 눈에 안대를 하고 다녔습니다. 아버님도 교편을 잡고 계셨는데, 아이들을 가르칠 때도 한쪽 눈에 안대를 했습니다. 사람들이 눈이 많이 불편하신지 물었습니다. 그러면 그냥 눈병 때문이라고 둘러댔습니다.

다행히도 그녀의 눈 수술은 잘되었습니다. 걱정한 것과 달리 다시 세상을 볼 수 있었습니다. 눈이 회복되고 출근하던 날, 어머니로부터 가슴 찡한 얘기를 들었습니다. 아버님이 왜 안대를 하고 다니셨는지를 그때 알게 되었습니다. 혹시나 딸의 눈이 잘못되면 당신의 한쪽 눈을 주려고 작정하신 겁니다. 그래서 미리 한쪽을 가리고 밥을 먹고 한쪽을 가리고 걸어보고, 한쪽 눈으로만 살아가는 연습을 해왔다는 것입니다. 눈물을 글썽이며 들려주시는 어머니의 얘기에 눈앞이 일렁거렸습니다.

이제는 세월이 흘러서 아버님은 정년퇴직을 하셨습니다. 허리가 구부정해지신 아버님의 뒷모습에 자꾸만 서러워졌습니다. 세월은 가는데 근처 식당에서 저녁 한 끼 대접해드리는 일이 고작입니다.

그냥 마음만 간절할 뿐입니다. 그저 죄송스런 마음만 주물럭거릴 뿐입니다.

2.

그녀의 남편은 20톤짜리 트럭 기사입니다. 낮과 밤을 번갈아 사는 사람입니다. 밤 8시 30분만 되면 어김없이 집을 나가야 합니다. 남쪽 지방에서 귤을 가득 싣고 대관령을 넘어야 하기 때문입니다. 밤을 꼬박 새면서 대관령을 구비구비 넘어야 합니다. 시간을 다투는 일이라 조금도 밍기적거릴 수가 없습니다.

그날도 곤히 잠들어 있는 남편을 물끄러미 쳐다보았습니다. 시계가 8시를 가리키고 있었습니다.

'깨워야 하나?'

늘 갈등입니다. 정신없이 곯아떨어져 있는 모습을 보면 차마 깨울 수 없지만 시간을 놓치면 야단나는 일입니다. 마음이 천근

만근입니다. 모기 소리로 외칩니다.

"여보, 8시예요. 일어나세요."

남편이 눈을 비비며 중얼거렸습니다.

"아! 하룻밤만 실컷 자 봤으면."

갑자기 가슴이 먹먹해졌습니다.

'이게 사는 건가?'

쏟아지려는 눈물을 감추려고 얼른 부엌으로 갔습니다. 벌써 남편이 눈치를 챈 듯했습니다. 텔레비전을 보는 아이들에게 소리를 질렀습니다. 순전히 부인 들으라고요.

"야, 아빠는 이제 바다 구경하러 간다. 갈매기도 구경하고 고기 잡는 배도 구경하고, 얼마나 멋진지 다음에 꼭 구경시켜 줄게."

부인은 속으로 중얼거립니다.

'치, 칠흑 같은 한밤중에 뭐가 보인다고?'

그렇지요. 캄캄한 밤에 뭐가 보이겠습니까? 남편은 출근하고 아이들과 잠자리에 들었습니다. 지금쯤 대관령 어느 구비를 넘고 있을 텐데, 갑자기 고마운 생각이 울컥 올라옵니다. 성실한 남편을 만난 게 한없이 감사했습니다. 남편이 운전하는 시간에 자신은 잠들 수밖에 없다는 사실이 너무 미안합니다. 갑자기 전화벨이 울렸습니다.

"여보, 지금 대관령 넘고 있어, 잘 자, 내 꿈 꿔!"

그녀는 지금 이불을 덮고 있는 게 아닙니다. 그냥 행복을 덮고 있는 겁니다. 눈가로 눈물이 주르륵 흐릅니다. 허락도 없이 흐릅니다. 가만 생각해 보면 인생이 다 그렇습니다. 서로 신세지고 사는 겁니다. 그러니 미안하지요.

봄꽃이 화들짝 핍니다. 곰곰이 생각해 보면 나는 뭐 한 일도 없는데 봄꽃이 저렇게 나를 반겨 주니 미안하지요. 미안한 마음만 있어도 우선은 괜찮은 겁니다.

오늘은 누구를 보든지, 어디에 있든지 우선 미안한 마음으로 시작할 작정입니다.

어떤 아이들은 이렇게 산다

1.
언젠가 텔레비전에서 세 자매가 할머니와 함께 사는 모습을 본 적이 있습니다.

첫째는 중학생입니다. 둘째는 4학년 정도이고 막내는 이제 초등학교 1학년입니다. 부모님이 계시지 않아서 할머니와 함께 사는데, 집이 엉망입니다. 돼지우리 같습니다. 세상에, 지금도 우리나라에 이렇게 사는 아이들이 있구나 했습니다. 바퀴벌레? 잡아 죽여야 할 대상이 아니고 친구입니다. 갖고 놉니다. 옆에서 슬금슬금 기어도 그러려니 해요. 그런 환경인데도 세 자매가 얼마나 명랑하게 사는지 몰라요. 다행히 여기저기서 도와주는 분들이 있습니다.

그런데 기자가 방정을 떨어요. 막내에게 뻔한 질문을 했어요.

"언제 엄마가 가장 보고 싶고 생각나니?"

머뭇거림도 없이 당장 울먹거립니다. 얼마나 서러운 질문입니까? 엄마가 가장 필요한 나이인데 엄마가 없으니, 울컥 서러움이 올라오는데, 큰언니가 탁 막아요. 막내가 뭐라고 입을 열기 전에 언니가 기자에게 말합니다.

"우린 좋은 일만 생각하기로 했어요."

그리고 막내에게 확인합니다.

"그렇지? 좋은 일만 생각하기로 했지?"

그러니까 막내가 고개를 끄떡거리면서 눈물을 닦습니다. 언니가 한마디 더 합니다.

"우리 울지 않기로 했잖아. 너 울면 언니가 얼마나 슬픈지 알지?"

아이들이 어른들도 갖기 어려운 지혜를 품고 있었습니다.

그래서 고난이 유익이란 말이 있나 봅니다.

2.

언젠가 열두 살짜리 소년 가장의 수기를 읽었습니다.

10여 년 전 아버지가 교통사고로 하반신이 마비되었습니다. 무정하게도 어머니는 사고 직후 가출해 버리고 소식이 없습니다. 하루 종일 누워 사는 아버지 병시중을 할 사람은 초등학교 6학년인 소년뿐입니다.

할아버지가 계셨는데 3년 전에 돌아가셨습니다. 그냥 돌아가신 게 아니라 병원비 100만 원의 빚을 남기고 돌아가셨습니다.

그 아이의 하루 일과는 이렇습니다. 새벽 4시면 일어나서 신문 보급소로 달려갑니다. 신문 배달을 마치면 7시쯤 됩니다.

집으로 돌아와서 밥을 지어 아버지와 아침 식사를 합니다. 점심을 차려 놓고서야 학교로 갑니다. 이 소년의 점심은 교장선생님이 준비합니다. 소년은 교장선생님이 주신 도시락 중에서 맛있는 반찬이 있으면 몰래 비닐봉지에 담습니다. 집으로 가져갑니다. 교장선생님도 다 아십니다.

학교 공부를 마치면 한눈 팔 틈이 없습니다. 집에 와서 먼저 하는 일은 하반신이 마비된 아버지의 욕창을 소독하는 일과 대소변을 처리하는 일입니다. 3일에 한 번씩 관장도 시켜드려야 합니다.

아버지는 하루 종일 누워서 신발 밑창 오리는 일을 하십니다. 그 소년은 이걸 공장에 가져다주고 새로운 일을 받아옵니다. 그 다음 빨래와 청소를 한 뒤 저녁밥을 준비합니다.

열두 살짜리 이 소년의 최고의 기쁨이 뭔지 아십니까? 할아버지가 남긴 빚 100만 원을 이제 두 번만 새마을금고에 넣으면 다 갚게 된 것입니다.

하루 중 가장 기쁜 시간은 저녁 시간입니다. 학교에서 몰래 가져온 반찬, 옆집 아줌마가 주신 김치, 콩나물국에 밥 말아서 아버지와 도란도란 얘기하면서 식사하는 시간입니다. 소년은 식사 시간마다 이렇게 기도합니다.

"저에게 이런 행복한 순간을 주셔서 감사합니다."

월세 4만 원짜리 단칸방에 삽니다. 컴퓨터 게임? 시간이 없습

니다. 피자 안 사주느냐고 어리광부릴 대상도 없습니다. 핸드폰
도 없고 메이커도 모릅니다.

소년의 수기는 이렇게 마무리되어 있었습니다.

"이제는 어떤 어려움 속에서도 살아갈 용기가 있다. 만일 풍족
한 생활 속에서 행복을 찾으려 했다면 나는 절망했을 것이다. 이
처럼 작은 행복에 만족할 수 있는 것은 지나온 날들이 나에게 괴
로움과 힘을 주었기 때문이다."

가진 것이 적다고 불행한 건 아닙니다. 가진 것이 많다고 행복
한 것도 아닙니다. 불편해도 너무 불편하게 사는 아이들 이야기
때문에 정신이 번쩍 듭니다.

오늘 나는 너무 편해서 불평이 많은 건 아닌지 돌아봅니다.
이만하면 됐는데도 말입니다. 그렇습니다. 이만해도 괜찮은 겁
니다.

엄마? 엄마가 뭐지?

'엄마? 엄마가 뭐지?'

그녀는 초등학교 1학년 때까지만 해도 누구에게나 엄마가 있다는 사실을 몰랐습니다. 아니, 엄마라는 단어를 처음 들었습니다. 구세군 보육원에서 자란 그녀는 '선생님'이라는 단어에만 익숙해 있었습니다. 어려서부터 부른 어른의 이름이 '선생님'뿐이었기 때문입니다. 그런데 입학식 날, 다른 친구들 곁에 엄마라는 존재가 따라 다닌다는 것을 알았습니다.

'엄마가 누구지? 나는 엄마가 없는데.'

그때부터 자신에게는 없는 엄마가 다른 친구들에게는 있다는 것과 그 엄마가 코도 닦아 주고 가방도 들어주고 맛있는 것도 사주고 안아 주기도 한다는 사실을 알았습니다.

더 충격적인 사건은 초등학교 3학년 때였습니다. 선생님이 미술 도구를 준비해 오지 않은 아이들에게 앞으로 나오라 했습니다. 그녀는 나갔습니다. 선생님은 희아를 칠판 앞에 세워 놓고 다른 친구들에게 그녀의 얼굴을 그리라고 했습니다. 10여 분이 지난 뒤 선생님은 그 그림을 들어 보라고 했습니다. 세상에 이런 선생님은 많지 않을 것입니다. 교사 생활을 한 저는 그렇게 믿습니다.

50여 명의 친구들이 그린 희아의 얼굴은 빨간 모반이 한쪽 얼굴을 덮고 있는 흉한 모습이었습니다.

'아, 그렇구나. 그래서 사람들이 나를 싫어했구나. 나를 보면 수군거렸구나.'

그때의 일을 말하면서 그녀는 흐느끼기 시작했습니다.

열 살짜리 희아가 어떻게 그걸 견뎠을까요? 그 무시와 멸시를 당하면서 어떻게 살았을까요? 지금 그녀의 둘째 딸이 얼마 후면 열 살이 되는데, 생각하기도 싫은 기억이었습니다. 초등학교, 중학교 고등학교를 다니면서 그녀와 밥을 먹자고 한다든지, 소풍을 가면 함께 가자고 하는 친구가 한 명도 없었습니다. 지나가면 발을 걸어 넘어뜨리기도 하고, 손가락질을 하더라도 누구에게 하소연할 수가 없었습니다.

선생님이 내 얼굴을 그리라고 했다고 누구에게 털어 놓을 구석이 없었습니다.

〈강연 100도씨〉라는 방송에 비추인 방청객들 눈에 눈물이 그렁거리기 시작했습니다. 거기 김희아 씨의 예쁜 딸도 앉아 있었는데, 눈물이 주르륵 흘러내렸습니다.

그런 멸시와 따돌림을 당해도 그녀는 살아남아야 했습니다. 배가 고파서 무얼 얻어먹어야 했습니다. 다행히도 구세군 보육원 원장님의 도움을 받았습니다. 보육원의 보육 교사로 일하도록 부탁을 받았습니다.

그때부터 김희아 씨의 감사는 시작되었습니다. 뭘 감사할 게 있다고? 부모도 모르고 나이도 모르고 어려서부터 당한 것이 무시와 멸시인데, 무얼 감사할 것이 있다고? 그러나 그녀는 설명합니다.

"감사라도 하지 않으면 숨이 막힐 것 같았습니다."

그런데 놀라운 일은, 대구의 장동건이라 불리는 청년이 그녀를 사랑한 것입니다. 정말 건강하고 멋진 청년이 그녀와 결혼을 했습니다. 그건 가슴 벅찬 기적이었습니다. 그녀는 결혼하고 딸을 낳았습니다. 딸을 낳고 보니, 자신을 낳고 얼굴에 모반이 있음을 알고 버릴 수밖에 없었던 부모님의 아픔이 느껴졌습니다.

어느 날 딸과 역할극을 했습니다. 딸이 엄마가 되고 엄마는 딸이 되는 역할극입니다. 딸이 된 희아 씨가 엄마가 된 딸에게 묻습니다.

"엄마, 나 배고파."

엄마가 된 예은이가 대답합니다.

"아이고, 우리 애기, 배고파? 맘마 줄게, 기다려!"

그 한마디는 그녀가 한 번도 들어 보지 못한 엄마의 음성입니다. 그녀는 또 흐느낍니다. 방청객도 흐느낍니다.

딸 예은이가 물었습니다.

"엄마는 왜 구세군에서 살았어? 누가 키웠어?"

모른다는 대답을 들은 딸 예은이가 엄마를 안으면서 아픈 말을 합니다.

"엄마는 엄마가 없어서 참 불쌍하다."

사람들은 김희아 씨에게 걱정스럽게 말했습니다. 아이들이 크면 엄마 얼굴 때문에 상처를 받을 텐데, 큰일이라고. 그래서 생각해 낸 김희아 씨 비결입니다. 아이가 넘어졌습니다. 무릎이 깨지고 피가 납니다.

"아이고, 아프겠네. 그런데 요거밖에 다치지 않아서 감사하네! 요거밖에 피가 나지 않아서 감사하네."

아이들도 어떤 일을 당하더라도 "엄마, 요거밖에 힘들지 않아서 감사해요"가 입에 붙어 버렸습니다.

"어떤 사람들은 자신이 희아라면 죽었을 거라고 하지만 아닙니다. 저는 이런 멸시와 조롱 속에서도 감사의 씨앗을 뿌렸습니다. 어떻게 하든지 감사할 것을 찾았습니다. 아픈 것보다 감사할 것을 찾고 또 찾았습니다."

텔레비전에 나와서 전국 시청자들에게 자기 얼굴을 보이는 용기를 낸 결정적인 이유도 자신을 낳아 주신 어머니에게 감사하기 위해서라고 했습니다.

"엄마, 이렇게 태어나서 죄송합니다. 그러나 엄마, 저를 낳아 주셔서 감사합니다. 방송으로라도 엄마라고 불러볼 수 있으니 감사합니다. 그리움만큼 엄마를 사랑합니다."

그 장면을 보는 제 눈에서 눈물이 뚝뚝 흘렀습니다. 흘러내리도록 그냥 내버려 두었습니다.

얼마 전 '감사 나눔 축제'가 열렸답니다. 감사란 찾으면 얼마든지 숨겨져 있는 보석입니다. 감사를 나누면 감사할 일이 몇 배로 늘어난다는 사실을 알게 됩니다. 상처를 훈장으로 만드는 비결이 뻔히 보입니다. 이제 감사를 찾을 일만 남았습니다. 아자! 아자!

두 사람이 외치는 소리는?

《야생초 편지》의 황대권 님, 그는 억울하게 감옥 생활을 했습니다. 1985년 구미 유학생 간첩단 사건에 연루되어 무기징역을 언도받았습니다. 그때 그의 나이 겨우 서른이었습니다. 서울대학교를 졸업하고 미국까지 가서 유학을 마친 앞날이 창창한 청년이었습니다. 친한 친구가 북한을 방문한 것이 꼬투리가 되어 느닷없이 간첩이 되고 말았습니다.

무기징역, 어처구니가 없었습니다. 세상에 날벼락도 이런 날벼락이 없습니다. 그는 숱한 고문과 말로는 설명할 수 없는 수치와 모욕을 당해야 했습니다. 너무 고통스러워서 자신이 하지도 않은 일을 했다고 허위 자백까지 했습니다.

분노! 그는 견딜 수가 없었습니다. 감옥에서 미친 듯이 난동을 부리다가 징벌방에 갇히기도 하고 체벌도 밥 먹듯 당해야 했습니다. 그는 그때마다 몸부림쳤고 오열했습니다.

분노하고 절망할 때마다 그의 건강은 조금씩 안 좋아지기 시작했습니다. 요통과 치통, 그리고 만성 기관지염 때문에 살아도 사는 게 아니었습니다. 감옥은 그의 건강 따위에는 아무런 관심도 기울이지 않았습니다. 그의 인생은 그렇게 흔적도 없이 사라져가 버릴 위기에 있었습니다.

그런데 어디선가 야생초가 기관지에 좋다는 얘기를 들었습니다. 그는 교도소 담장 밑에 있는 야생초를 뜯어 먹었습니다. 살기 위해서입니다. 이름 없는 들풀의 효력이 몸에서 느껴지기 시작했습니다. 그때부터 돌 틈에, 담장 밑에 피어 있는 이름 없는 야생초에 관심을 쏟기 시작했습니다. 야생초에 관한 책을 찾아서 읽었고, 늘 땅바닥만 내려다보고 다녔습니다. 점점 이름 없는 들풀들이 귀여워지기 시작했습니다. 야생초의 그림을 그리고 연구하면서 야생초가 자근자근 들려주는 작은 이야기를 듣기 시작했습니다.

"인간들만 남을 무시하고 제 잘난 맛에 빠져 사는구나. 남과 나를 비교하여 나만 옳고 뻐기는 인간들은 배워야 한다. 크건 작건 못생겼건 잘생겼건 제 타고난 모습대로 힘껏 피워가는 야생초로부터 배워라."

황대권 님은 감옥에서 아예 화단을 차렸습니다.

그의 감옥은 꽃밭이 되었습니다. 이미 감옥은 감옥일 수 없었습니다. 그는 이름 없는 들풀의 이름을 알아내고 꽃을 사랑하면서 한없는 자유로움을 누렸습니다. 건강도 점점 회복되었습니다.

100여 가지 야생초에 대한 글과 그림을 묶은 책이 《야생초 편지》입니다. 어디든 야생초가 있듯이 어디든 희망은 숨겨져 있습니다. 너무 작아서 자세히 들여다보아야 보일 뿐입니다. 돌 틈, 담벼락 틈을 자세히 들여다보면 애기 손톱 같은 희망이 꿈틀거립니다. 그 희망은 자세히 봐야 보입니다!

보브 위랜드, 그는 두 다리가 없는 마라톤 선수입니다. 그는 월남전에서 지뢰를 밟아 두 다리를 잃었습니다. 그는 두 손만으로 LA 마라톤 대회 42.195킬로미터를 완주했습니다. 남들은 두세 시간이면 완주하는 코스를 일주일 동안 달렸습니다. 아니, 두 다리가 없으니까 달린 것이 아니라 기었습니다. 두 팔로 기었습니다.

1982년에는 북미 대륙을 두 팔과 엉덩이로 기어서 완주하기도 했습니다. 그 거리가 자그마치 4,454킬로미터, 무려 3년 8개월 6일이 걸렸습니다.

'두 팔과 엉덩이로 북미 대륙을 횡단한다?'

처음엔 그의 사연에 감동을 받은 많은 사람들이 그와 함께 출발했습니다. 동행하던 사람들은 두 다리로 걸었고 위랜드는 두 팔로 엉덩이로 기었습니다. 그런데 성성한 두 다리로 걷던 이들은 하나둘씩 지쳐서 떨어져 나갔습니다. 섭씨 60도의 뉴멕시코 사막을 가로지를 때는 위랜드 혼자만 남았습니다. 그는 이렇게 중얼거렸습니다.

"사람들은 모두 떠나갔습니다. 오직 하나님만 유일하게 내 곁을 지켜 주었습니다."

그가 두 팔과 엉덩이로 기어간다는 소식을 듣고 월남전에서 함께 생사를 넘나들던 전우가 달려왔습니다. 그를 안고 엉엉 울었습니다. 그는 위랜드가 지뢰를 밟고 피투성이가 된 몸을 헬리콥터까지 업어다 준 전우였습니다. 누구라도 그런 전우라면 달려와서 함께 울었을 것입니다. 왜 이러느냐고? 왜 이렇게 힘들게 사느냐고? 보는 것만으로도 안타깝고 가슴 아프다고 울었을 것입니다.

그러나 위랜드는 계속 기었습니다. 또 기었습니다. 유명한 사람이 되려고? 목표에 도달하면 환희가 기다리고 있기 때문에? 그건 아닙니다. 그는 두 다리가 없는 인생이지만 삶을 포기하지 않으려고, 절망 따위가 아무것도 아닌 것이란 사실을 자신에게 확인시키기 위해 기었을 것입니다.

사람들은 너무 쉽게 없는 것을 찾습니다. 그리고 주저앉아 버리는 습성이 있습니다. 이것도 없고 저것도 없고, 그렇게 따지면 인생은 누구나 없는 것투성이입니다. 그러나 두 다리가 없어도 두 팔이 남아 있습니다. 아직도 남아 있는 게 있습니다.

상상해 봅니다. 4,454 킬로미터를 3년 8개월 동안 기어가는 보브 위랜드를 머릿속에 그림으로 그려 넣습니다. 사람들이 그에게 물었습니다.

"다리도 없는 사람이 어떻게 달릴 생각을 했나요?"

그는 빙그레 웃으며 대답합니다.

"다리가 없다고요? 아직 두 팔이 남아 있잖아요."

절망은 없는 것을 보는 것이고 희망은 있는 것을 보는 것이라고 보브 위랜드가 외칩니다.

나무 3

나는 그대를 아는데 그대는 나를 모른다고 한다

나는 그대를 모르겠는데 그대는 나를 안다고 한다

내가 그대를 안다고 할 때 그대도 나를 안다고 하면 얼마나 좋을까?

내가 그대를 모른다고 할 때에도 그대가 나를 안다고 해 줬으면 하는 건 욕심일까?

가을이 툭툭 나를 건드리는 걸 보면

나를 아는 눈치인데 나는 아직도 그대를 모르겠다

언제나 그러하듯이

그대가 떠날 때가 되어야

나는 그대를 알아볼 것 같은데

그럼 그때 가서는 그대가 나를 몰라볼 것 같다

그 찬란한 아픔 때문에 나는 속이 타고

가을산은 불붙는다

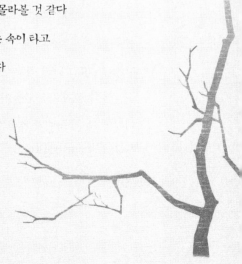

지금도 종종 놀랍니다. 언제 이런 글을 썼지?

제가 쓴 글 같지 않습니다. 낯설 때가 있습니다.

저는 시를 쓰던 사람입니다.

긴 글을 쓰는 일이 너무나 번거롭던 사람입니다.

그런데 어떻게 여기까지 왔습니다.

매주 한 편의 이야기를 쓴다는 것이 너무 힘겨웠습니다.

그래서 〈향기 나는 편지〉는 제 것이 아닙니다.

누군가의 응원으로 만들어진 것이기 때문입니다.

여기엔 제 아픔과 눈물과 한숨이 담겨 있습니다.

상처가 훈장이 된다!

그렇습니다.

아니, 그랬으면 좋겠습니다.

아니, 확실합니다. 십자가는 하나님의 상처이기 때문입니다.

다른 사람의 상처도 가만히 들여다보면 내게 훈장이 될 수도 있으리라 생각합니다.

향기는 나도 모르게 나에게 스며듭니다.

글을 읽다가 시나브로 그리스도의 향기가 스며든다면 꿈을 꾸듯 유쾌할 것입니다.

글을 읽다가 시나브로 그리스도의 편지를 읽으신다면 노래하듯 즐거워질 것입니다.

시나브로 **누구도 모르게 조금씩 조금씩** 감사합니다.